重塑跑步计划

——提升跑步的稳定性、力量和速度

原著 [美] 杰伊·迪卡瑞（Jay Dicharry）
主译 徐建武 段玉丞

图书在版编目（CIP）数据

重塑跑步计划：提升跑步的稳定性、力量和速度 /
(美) 杰伊·迪卡瑞 (Jay Dicharry) 原著；徐建武, 段玉丞主译.
-- 沈阳：辽宁科学技术出版社，2018.11
ISBN 978-7-5591-1014-5

Ⅰ. ①重… Ⅱ. ①杰… ②徐… ③段…
Ⅲ. ①跑－健身运动 Ⅳ. ①G822
中国版本图书馆CIP数据核字(2018)第259372号

Copyright © 2017 by Jay Dicharry
All rights reserved.
No part of this book may be reproduced, stored in a retrieval system, or transmitted, in any form or by any means, electronic or photocopy or otherwise, without the prior written permission of the publisher except in the case of brief quotations within critical articles and reviews.

CrossFit® is a registered trademark of CrossFit, Inc.
Ironman® is a registered trademark of World Triathlon Corporation

Velopress®
3002 Sterling Circle, Suite 100
Boulder, CO 80301-2338 USA

版权所有　侵权必究

出版发行：	辽宁科学技术出版社
	北京拂石医典图书有限公司
地　　址：	北京海淀区车公庄西路华通大厦B座15层
联系电话：	010-57262361/024-23284376
E－mail：	fushimedbook@163.com
印　刷　者：	中煤（北京）印务有限公司
经　销　者：	各地新华书店

幅面尺寸：170mm×240mm
字　　数：317千字　　　　　　　　印　张：16
出版时间：2019年1月第1版　　　　印刷时间：2019年1月第1次印刷

策划编辑：李俊卿　　　　　　　　责任校对：梁晓洁
责任编辑：李俊卿　陈　颖　　　　封面制作：咏　潇
封面设计：咏　潇　　　　　　　　责任印制：丁　艾
版式设计：咏　潇

如有质量问题，请速与印务部联系　联系电话：010-88019750

定　　价：78.00元

献给我的孩子们，有你们的未来让我更快乐！

献给我的妻子，你总是能看到事情积极的一面！

献给我的父母，一直给予我支持和机会！

献给我的导师们，一直敦促我前行！

献给我的朋友们，一直让我做自己！

献给巧克力，如此美味！

献给家乡的音乐家，你们的音乐一直感动着我们！

引言：
开启你们的成功之路

每当你完成一次锻炼，总会有一种成功的感觉。比如，跑步时刷新了一个记录，爬山时赢了朋友（无论是当地的一座小山，还是阿尔卑斯山）。这种感觉很好，可以说是棒极了！我们在挑战中成长，通过训练获得这种成功的感觉。每位跑步者都知道要获得这种感觉必须付出艰辛的努力，但是也有很多跑步者会混淆这个概念：他们认为艰辛的努力就是进行大量的训练。殊不知，一味的追求跑了多远容易忽视跑步的质量。最佳跑步者的荣誉不应该颁发给那些每周跑得最多或是训练最苦的人，而应该颁发给那些解决了跑步中基本问题的人，

解决了这些问题才能坚持得更久，跑得更好。

可能你在跑步中获得了健康，但是如何确定你跑步的方法是正确的呢？简单来说，处于各个阶段的所有跑步者都应该通过户外跑步来改善自己的跑步能力。如果你想跑得更好，你的运动能力就要更好。

关于如何跑得更好的讨论总是会引发相同的话题，但是在展开话题之前让我们回头看看现实。如何跑步是你个人及经历的一种表达。你可能既不是印第安塔拉乌马拉部落的人，也不是肯尼亚人。我们都很羡慕那些拥有完美跑步姿

势，腿部有力，能够轻松弹跳的跑步者，那种理想的步态并不是与生俱来的，而是通过有技巧的运动来获得的。

生活方式会塑造跑步者的身体，让他们获得平衡的姿态和增加有效的肌肉。起初，他们只是像孩子一样跑着玩儿，然后开始在这一领域努力，最终通过大量艰苦的训练在这一领域登峰造极。如果我们思考，一种生活方式是如何构建人们的身体运动能力并使之成为更适合跑步的因素，就应该看到并不是塔拉乌马拉人和肯尼亚人生来就适合跑步，而是他们的身体慢慢地变得更适合跑步了。反观我们的生活方式，也就不难理解为什么身边遍布现代化锻炼器材，也没少跑，却并没有得到和他们相同的结果了。

练习跑得更好

动作技能是非常重要的。球类运动的运动员花费大量时间训练他们的身体，以便于能更好地运动。通过练习，他们会建立一种策略来适应每次的比赛，他们知道如何采取更好的方式去开球。战斗机的飞行员会改善自己的反应能力直到可以凭直觉飞行。你的一位体重只有105磅（约合48公斤）的邻居可以做那些你只在图片上见过的瑜伽体式，这并不是因为她很强壮，而是因为她很有技巧。除非你有了基本的技能，否则你是无法做到屈身向前坐进驾驶舱或是单手在瑜伽垫上支撑倒立的。同样，高效的跑步者一定也是掌握了跑步技巧的人。

传奇跑步教练乔·威格尔曾说过："当一个跑步教练是很不容易的，因为那些来参加训练的孩子们都有很高的积极性，但是他们同缺乏运动天赋的孩子们一样需要运动队针对性训练。"这些孩子深信努力训练能够击败天赋。他们花费大量的时间，付出足够的决心，每天起床，穿鞋，然后跑步。有的时候跑得轻松，有的时候跑得艰难，甚至有的时候还要更艰难一点。他们中的许多人倒在地上结束跑步，错过了巅峰状态，或是更糟，有的还因运动损伤停止了训练。因此更加努力并不意味着更好，大量训练也不等于能拿冠军。

在你的跑步宝典中应该有一些跑步技巧。高重复性的跑步意味着我们很多人并不知道如何以最佳的方式跑步获胜。通过多年的重复，你让你的身体以一种方式运动，却以另一种方式跑步。当有人走过来跟你说，你应该改善你的跑步方式，用另一种方式来运动时，你无法按照他们说的那样去做。你没有形成自己的肌肉记忆以让身体用不同的方式来运动，甚至稍微改变一下跑步方式也会让你觉得别扭和困难。你不禁注意到你的运动方式还是一点都不像那些肯尼亚运动员们。你的跑步方式并没有改变。很多跑步者都进行试验并且失败了，他们得出结论：虽然确实有更好的跑步方式，但是关注跑步方式就是浪费时间。

告诉你一个秘密：你的身体状况决定了你的跑步方式。有一句谚语是这么说的：功能决定形式。要想跑得更好，你就需要更好地去运动你的身体。在压力和疲惫之下，在烈日下和你的对手站在一起，这一刻，你没有时间来全方位地检视你的跑步方式和身体意识，你能做的只是依靠一直以来形成的习惯。如果你还不能做到这一点，那么就从现在开始练习吧！

想一想现在你是一个什么样的跑步者，再想想你希望成为一个什么样的跑步者。每个人都希望自己能跑得平稳、高效和没有那么大的压力。要想达到这个目标，你需要用一种更全面、更有动作技能的方式来训练自己，但是别忘了要能意识到，自己的目的是改善自己的跑步技能。我们都很忙，而且目前你正在进行的练习已经是非常困难的了。但是这个过程将会是非常有趣的，因为你会感觉到前所未有的改变。我们将一起去探索能改善你运动能力的方式，重塑你的跑步。

关于跑步的研究

与训练相关的科学一直在向前发展。在过去的二三十年间，在运动科学领域，我们已经研究出了很多工具和技术来加深我们对身体的了解和创造进步。现在我们有了实验室可以去做研究，背后有很多人都在默默付出着，教练们急于寻找更好的方法来训练自己的运动员，科技到底改变了什么呢？

记录被不断刷新，随便关注一项运动你都会发现运动员的能力和30年前的比大幅飙升。几十年前，人们跑步就是跑而已，但是当我们发现利用有效的跑步频率能够改善身体的运动能力时，人们就开始进行标准化练习了。理论改变了，科学也在改变，如果你能利用这些知识去改变你的训练，最终你的跑步能力也会改变。

在用科学的方法训练时，如果想收获更多，有这样几件事是你应该知道的。

首先，大多数和跑步相关的研究都将重点放在了防止运动损伤上，近年来，在这一领域我们确实取得了很大进展。我们有了更好的信息来源，就意味着运动员能获得更好的结果。但是当我们致力于研究提高跑步成绩时，也面临着一个更加困难的任务。大多数的研究对象都是资深运动员，或是那些一天玩好几个小时电脑游戏就为了得到过关奖励后在人前显摆的大学生。除非你是这两种人之一，否则这些研究结果可能并不能完全适用于你。为了能够提高跑步成绩，我们应该更全面地从跑步的内外两个方面来分析研究结果。生物力学，动作控制，体能训练的研究，甚至还有健美，这些一起构成了大量的关于身体的研究，然后被解读为针对跑步的训练。我们要好好利用科学来学习如何更好地运动。

为了获得最好的效果，我们的研究应该针对个体的需要。作为一名物理治疗师和研究人员，我认为每个跑步者都是独一无二的研究个例。我开始问自己一个简单的问题：我如何帮助这个跑步运动员成功？我的工作是查出导致跑步者疼痛的原因并释放其潜能。在我的职业生涯中，我已经为数千位跑步者进行了骨骼肌肉的检查，并为他们做了高科技的步态评估。这本书并不是一对一步态评估的代替品，而是一种解决跑步者困扰的方案。我可以很自信地说，你一定可以从修复不平衡的跑步方式中获益，这样才能让你以最佳的状态投入到每天的跑步训练之中。通过我的观察，再加上在实验室中的一些测试，我已经从这些研究中获益匪浅了。我的这些观察和测试告诉我要做哪些方面的努力才能够让跑步者更有耐力，从而跑得更好。我相信，如果我能够给你一些好的工具和方法让你拥有更富耐力的身体，你一定可以承受更大的跑步压力，不断地挑战自己的身体极限。

跑步与训练

马尔科姆·格兰德维尔（Malcolm Gladwell）在他的《异类》中说到：很明显我们应该花时间去增强技能。他的理论是要想在一个领域做到最好，至少需要1万个小时。人们通常理解为从零开始计算直至1万小时，我认为这就大错特错了，特别是在跑步这件事儿上。反复的练习同一件事只能加强你现有的运动模式。在不够完美的运动方式上增加更多的时间练习只能意味着你能更好地去按照错误的模式运动。训练和如何训练是完全不同的概念,要想跑得更好,我们必须认识到跑步是个技术活儿。能否有技巧的跑,取决于能否有技巧的训练。

心理学家安德斯·爱立信(Anders Ericsson)认为训练应该是有目的和针对性的,格兰德维尔的书很大程度上是基于这个理论的。跑步就是一种有目的的训练,你的训练计划告诉你要跑,于是你跑了。你一直坚持记录运动量、心跳还有记录仪上的跑步里程,从而希望能达到一个既定的目标,但是你的目标通常只是一个时长或是距离。这样的方法并不能让你成为一个成功的跑步者,你并没有以一种避免运动损伤的方式让自己跑得更好。你并没有优化你的步态,让自己发挥出全部的潜能。相反的,你只是刷新了跑步量,以此希望能够听见鼓舞人心的歌声响起激励你达到新记录。大多数的跑步者只是跑而已,这样是不可能跑得更好的。所以你们需要一种不同的训练方式!

爱立信是这样来描述针对性练习的:为了达到一个特定的目标所进行的有目的的改善动作表现。要想跑得更好,你就必须首先理解这项运动,这样才能认识到,对于改善运动技能什么才是至关重要的。然后你需要一个正式的训练计划去获得这些技能,再加以不间断的练习去改善和加强这些技能就可以了。对于一个跑步者来说,针对性练习需要采用特殊的行动去提高耐力和效率,而这些练习并不只是和跑步相关的练习。

与其要求自己多跑,不如要求自己制订一个能跑得更好的计划。通过针对性练习,在你大脑的神经生理学将会适应和重建与跑步相关的策略。我们要解决的问题是练什么,为什么练,怎么练。然后带着这些问题去改变你的身体,改善你的运动能力,从而让你成为一个更有耐力的跑步者;去增加你的技能,让你跑得更有效率。我们会通过训练让你精通这些技能,有效地重建你身体的运动方式,以便于让你能跑得更好。这是一个很重的承诺,同时也需要你的承诺,你需要至少每周增加2次的额外训练。

我知道你的时间很宝贵,如果没有时间是你主要的困难,那么我能保证你的投入是值得的。如果能每周少跑一次,同时增加一次技巧练习,几乎我所见过的所有跑步者都取得了好的效果。如果你有这个时间,就把技巧训练放在你跑步计划的前面吧!

也许你还是不能相信我所说的，但是我告诉你，真的可以通过训练，让你的身体更好地运动，更受控制，从而能以一种更有效的方式来跑步。想象一下，用一种更匀称、更少压力的方式去跑步是一种什么样的感觉呢？让你的关节更健康，跑得更快的承诺确实让人难以抗拒，但是达到目标是没有捷径的。如果你已经准备好了去接受艰苦的训练并坚持下去，我的计划能够帮助你走向成功。研究表明，凡是理解了为什么要这么跑的人都可以按计划坚持下去。让我们来了解更多的关于跑步的知识，让《重塑跑步计划》来帮助你迈向更高的跑步阶段吧！

目录

引言：开启你们的成功之路

基本原理

1 往回想，向前跑   1
2 重建神经肌肉反射   9
3 跑步所需要的灵活性和稳定性   17
4 你的身体决定你的跑步方式   27

精确+高效跑步的诀窍

5 不要破坏身体的支点   37
6 反向旋转的秘密   61
7 强化出更好驱动力   89
8 身体对线要因人而异   109
9 建立更强的弹跳力   117

重塑你的跑步计划

10 掌控跑步的总体计划   157
- 训练手册   163
- 精确训练   171
- 运动表现&力量训练   191
- 运动表现&爆发力训练   221

致谢   233
参考文献   235
作者简介   241

往回想,向前跑

当我们运动时,都应该抱有学生的心态。我们中的很多人都已经从学校毕业很久了,但是你可能会回忆起作为一个成功的学生,如何才能在考试中表现出色。当你知道这一点时,你就会知道如何去准备考试以及学习了。好,那我们来上课,跑步考试会考什么?

当你在跑步时,每一个迈出去的步伐都在检验你的身体。如果我们能够知道作为一个跑步者所面对的特殊问题和挑战,我们就能够往回推导出应该做什么,从而去建立一个计划为测验做好准备。我相信你一定希望在你的跑步成绩单上得一个"A",对吗?那让我们来看看,为了跑得更好你需要做什么才能帮你的身体做好准备——正确的时间,正确的运动量,再加上做得正确,这样就能获得最好的结果。

当你跑步时，你的身体是怎样的

跑步时的紧张感使我们无法注意到每次迈步时身体的状况。你的心脏跳动得更快了，血液循环到全身，体温上升，汗从前额滴落下来。无论是在跑道上、小路上，还是在大路上跑，你都会感觉到风吹在脸上。这些在我们脑中显现的影像是真实存在的。但是当你的心脏和肺部带动你冲向终点时，你的下半身承受了很大的压力。

不管你是否喜欢，每迈出一步，你的身体都将承受自身体重2.5～3倍的负荷。请想一下，如果你用双腿站立，那么每条腿都将支撑起你的一半身体；但是如果你用单腿站立，你的全身重量都将压在一条腿上。现在拿起一个杠铃，加上相当于你体重1.5倍的重量，然后把它抬至肩上，再单腿站立。不管你是否喜欢这种感觉，这就是在跑步时你每迈出一步，骨骼、肌腱、软骨和韧带所承受的压力了（图1.1）。作为一名跑

你的感觉
体重150磅（约68公斤）的跑步者

你身体的感觉
150 + 225 = 375 磅（约170公斤）

图1.1 跑步时身体的实际负荷
跑步时需要机械做功，刹那间，你需要举起一个很大的负荷并向前保持住。你无法改变这个现实，但是你可以为此做好准备。

步者，我们曾被告知当长距离、长时间跑步时，身体只承受少量的压力。我们可以不理会这种观点，因为我们应该知道，长时间跑步时身体要承受很大的压力。

更复杂的是，跑步并不是一种单平面运动，除了承受垂直力，我们还要承受相当于我们自身体重40%～50%的制动力和加速力。而且我们的身体在努力跑步时还要承受相当于自身体重大约15%的横向力量。每跑一步我们的身体两侧都要承受跑步带来的巨大压力（图1.2）。难怪跑步是如此艰苦的一项运动了。

作用于身体上的力可以说完全是，或某种程度上是机械力，但是你身体回应的却不是机械力。想象一下，将一个橡皮球扔向天花板，它一定会加速弹回地面的。当球与地面撞击时，冲击力会把球拍平一些，然后球会再一次向上从地面弹起。球是被动受力的，当它受到压力时，基于制作橡皮球材质的密度，它会相应地回弹。对于一个被动受力的物体是如何回应加在它身上的力，以上是一种很简单的阐述。现在想象一下，你正在跑着，腿悬在半空时，就像加在橡皮球上的重力一样，重力也将你带回

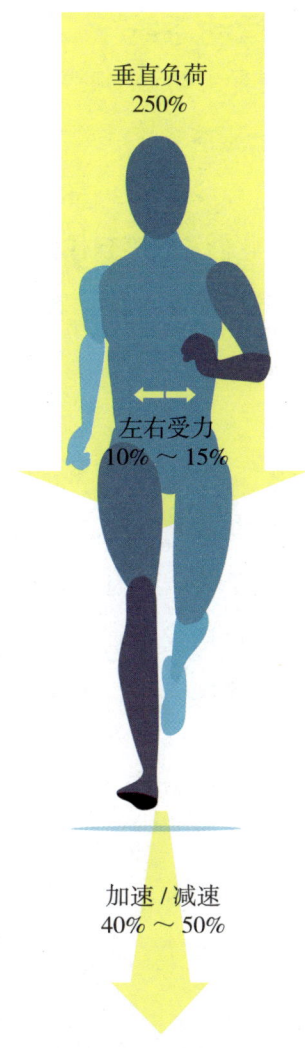

图1.2 当你跑步时所承受的力
跑步时你的骨骼、肌肉和肌腱会受到很大冲击力，控制这些冲击力是非常重要的。

地球表面。结果很相似，因为你的身体不是被动的，它是由一套复杂的神经肌肉系统构成的。它可以主动地移动、调节，使身体各部分配合，以很好地回应跑步产生的机械力。

你的运动系统

当你进行主动运动时，会动用你身体的三个基本系统：关节、肌肉和大脑（图1.3）。如果不将这三个系统结合起来，它们是起不到什么作用的。但是如果三者能配合好，就能打破世界纪录。

关节：你身体的关节就像门轴，你的骨骼由这些关节连接在一起，这些关节处有软骨（一种有一定硬度的对骨骼起润滑作用的材料）存在，韧带将骨骼彼此相连。所有组成部位都是很重要的。但是它们就像是被动受力的滑轮和杠杆，也就是说它们不能自发进行运动，这与门和门轴不能脱离彼此而转动是一样的道理。

肌肉：肌肉是发力的地方。要想开关门就需要给门轴施加一个开合力，肌肉可以产生这种力。当我们运动时，是肌肉带动关节移动或是让关节稳定住的。

大脑：我们有关节帮助身体形成结构，有肌肉发力让关节去运动，但是我们还需要大脑来告诉我们到底应该向哪儿运动。

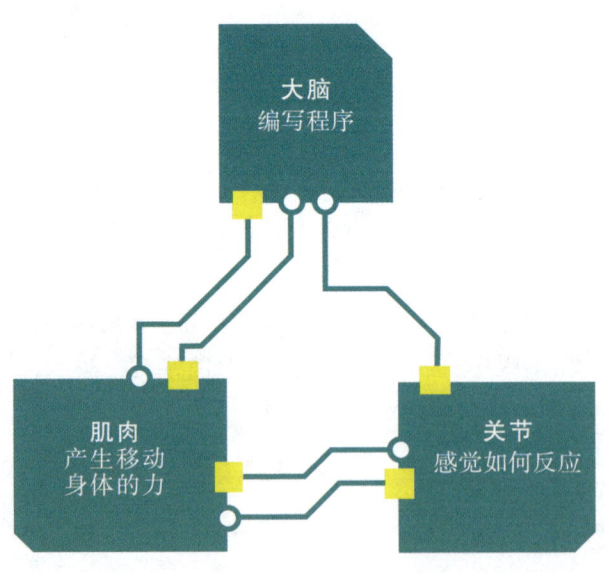

图1.3 一个运动系统控制连线图
在这里我们可以学到什么？关节不能主动提供稳定性，肌肉才能起到这个作用，而由大脑发出指令。

事实上，不单单是你的大脑，而是全身的神经系统一起来起作用的。把这套系统想象成一台连接肌肉网络的计算机。不过，我们的神经系统不只有开关键，还可以调节我们发出的力。当大脑告诉肌肉发力去打开门时，你的大脑会根据门的重量告诉肌肉发出多大的力，大脑会判断门是否被地毯拖住，或是有没有被门柱卡住。这种控制力不仅能让我们运动，还能让我们去精确地运动。

更好的身体输入 = 更好的运动输出

每次迈开腿跑步，都需要身体各系统全力合作。机械负荷会增加向下的力从而引发一系列的动作。当你的关节不能自主移动时，就会感觉到挤压和错位，然后会向神经系统发送信号，要求行动。你的大脑就会发送指令让肌肉适时生成一定量的力。肌肉收到指令后发力，拉动关节去形成运动，然后各部分协作形成。肌肉会感觉到长度变化，将信息传回大脑，以确保不被拉伤。由于关节弧形活动时需要改变肌肉的收缩力量，关节也将信息传回大脑，这种协作对于让系统保持平衡是很必要的，能确保运动顺利进行。如果协作良好，你的身体生成的机械力正好能将想把你像挤馅饼似的挤瘪的负荷力抵消掉。当系统协作得很好时，你正好迈出完美的一步。干得好！现在你只需维持这种协作，将其运用在今天要跑的这几千步中。

高质量地进行运动

这三个系统的协作在你迈出的每步中反复发生。系统中的每个元素都有特殊的输入和输出功能，从而帮助你修正步态，让你跑得更有质量。对此我们一直缺乏正确的认识，跑步者执着于跑步量。很明显，跑得越多，关节承受的负荷就越大。面对挑战，你的身体要去更好更有效地控制身体才行。不能很好地控制身体就等于不能很好地进行运动。当身体因为跑步的需要超负荷工作时，就会引发运动损伤或是产生对身体的破坏力。特别是我们处理跑步所需力学的方式，表明了我们运动能力的优劣，所以我想提出以下两个重要问题。

1. 你的运动安全吗？ 你能将何种运动技能和身体知觉带入到跑步当中呢？

2. 你的运动有效吗? 你能用更小的力量推动自己向前跑吗?能在跑步中减少坚持不下去的问题吗?

一个高效的运动计划能够改善你每次迈步的质量,从而长期保持关节的健康和跑步的效率。正如我们可以调节跑步的运动量一样,我们也可以学习如何改善跑步的质量。你的大脑会通过运动和知觉去学习该何时跑,跑多少,跑多快。你可以通过更好理解大脑所收到的信息来提升跑步技能,从而重塑你的运动方式,让你以更安全、更有效的方式来跑步。

动态的重塑性

什么是我最爱吃的呢?答案是燕麦巧克力饼干。5秒钟之前你并不知道答案,但是现在你知道了。你知道你是怎么学会游泳的吗?你知道大脑在中风后是如何恢复的吗?这些问题有一个共同的答案:神经可塑性。你的大脑是有学习能力的。大脑不仅有死记硬背的能力,还有在任何年龄学习新东西的能力!当你学习的时候,大脑能在细胞间建立新的连接。练习得越多,这些连接就越紧密,熟能生巧就是这个意思。你的神经通过在神经间建立连接来学习技能。

系统间的连接是动态的,它们会根据你的需求来调节发出的信号。在柏油马路上、水泥地上、草地上和不规则的小路上跑,它们会让大脑发出不同的信号,从而根据不同肌肉的运动和时间来确定需要做什么。改变速度也是需要发送修正信号的,你的神经系统会根据场景做出所有必要的调整。同样的情况还有,当你穿了一双新鞋,你的身体也会做出轻微的改变去适应脚所处的新环境。所有这些都可以证明你的身体可以学习并适应这些改变来让你跑得更好。跑步重塑计划利用神经可塑性来训练你的身体,使其能更好地被控制,以获得更强的耐力和跑出更好的成绩。

精确有力的跑步

许多教练都告诉你可以自主选择自己认为有效的跑步方式,这种说法并不完全正确。我们将最理想的跑步方式称作A计划,将你能做到的最好的跑步方式称作B计划。大多数的跑步者都想弄清楚如何弥补现有运动方式的缺陷,从而提高灵活性、稳定性、力量和爆发力。换句话说,你大脑的适应力被你身体的局限性强行控制了。你多年以来都在有目的地加强练习B计划。B计划确实也能提高你跑步的量,但是我想说的是,B计划只是次等计划。

并不是我故意要抨击你现在对于跑步的认识全是错的,我只是想告诉你一个事实,就是通过重塑你的大脑思维,你跑步的方式真的是可以改变的。为什么不努力构建自己的优选计划呢?现在,我们可以将让人觉得不舒服的运动变成你身体的一种本能。通过刻意练习,A计划能使你的运动变为本能,执着于B计划只能让你停滞不前,因为B计划不能帮你克服短板,从而加强你的耐力和运动能力。

如果伤痛问题影响了你跑步的方式,那么是时候修复它们了。带着后背和膝盖的疼痛每周跑35～50英里(1英里=1.61公里),这样的跑步对身体是没有帮助的。不但跑步是这样的,足球、篮球或冰球也是一样的道理。在现存问题的基础上加码只会让事情变得更糟。疼痛时你需要休息,而不是接着训练。要打破这个疼痛周期,你并不需要有能成功的天赋,而只需要提升你的运动质量。

我经常在很多跑步者身上看到的一个问题,就是妥协。许多人都会告诉我:"我跳不起来。"但是这句话真正的含义是:"我不能很好地协调自己的身体去用力蹬地让自己克服重力向前奔跑。"这是一个很大的问题,因为这种能力正是跑步所需要的。事实上,研究表明,能够在很短的时间内用更大的力踩向地面的人往往能跑得更快。每位跑步者,不管你的水平如何,都是可以通过训练提高这种能力的。

我们即将打开跑步的黑匣子,并建立一套系统来使自己成为更好的跑步者。你的身体引导着你的跑步方式,一个更好的身体能够改善你的跑步方式。通过专注于改善跑步技能,你能够更精确地运动和加强弹跳力。为了能够达到这个目标,你需要足够的灵活性去移动,也需要足够的稳定性去控制身体按照既定的路线跑完每英里。构建好灵活性和稳定性,能够减少你每迈出一步时身体所承受的压力,从而确保身体在跑步过程中保持平衡。作为一个跑步者,更有效的运动能够增加你的耐力,从而让你可以坚持训练。更好的弹跳力会使你跑得更好,因为足够的蹬力能让你跑得更快。跑步重塑计划会让你通过改善你迈出的每一步来改变你的身体,提升你的跑步能力。

重建神经肌肉反射

想象一下你正和你的朋友韦斯沿着一条美丽的小路跑步。当你正打算和他聊聊你一直在计划的假期时，他却想和你说说他疼得要死的髂胫束。他试图用泡沫轴来缓解疼痛，但是没有用。上周他去做了一个按摩，也没有用。你跑到他身后去观察他的步态，发现他的右膝向内塌陷。你让韦斯把腿伸直，他却不知道如何去做，所以他就用力迫使自己的膝盖向外。现在他是脚向外撇着跑的，脚会很痛。这样跑步是很奇怪的，但是更严重的是，这让韦斯感到一种挫败感。其实，真正的问题所在是韦斯的髋关节是向内塌陷的。大多数人会认为这是由肌肉力量弱造成的，不过这只是一种可能性。对于大多数跑步者而言，还有一些截然不同的其他原因。系统不启动时是不工作的，大多数跑步者的臀部肌肉是不起作用的，或者说是没有启动的。简单来说，如果不插电，你的烤面包机是不能烤面包的。

同样的道理，除非你让臀部肌肉去和大脑连接上，否则它是不会启动的。私人教练经常说：深蹲能解决所有问题。我不同意这个观点。往没有插电的烤面包机里放再多的面包也不解决问题。负重 200 磅深蹲不能解决你的问题，因为你的身体只是将负荷转移到其他肌肉上抵消了这部分力量。同样地，如果你靠多跑来阻止髋关节内陷也是没有用的，因为跑步和力量不能解决髋关节的问题，你的身体才是问题所在。要想让肌肉启动，我们需要教给它如何去用力，如何去和身体的其他部位配合。

最近一个髋关节疼痛的跑步者来找我，疼痛的程度虽然还没有到让她无法跑步的地步，但是却一直折磨着她。她的教练和朋友们都让她加强臀肌的练习，所以她开始每周上针对臀部和腹部练习的课程。2 年后效果如何呢？并不尽如人意，几乎丝毫没有改善。训练力量并不能帮她解决问题。事实上，反而让她的问题加重了。她的身体开始学会漠视存在的问题，将更多的力量转移到其他地方，她仍然无法更好地运动。她没有花任何时间去改善跑步的步态。我们退后一步解决了她的运动问题。3 周内，她的症状消失了，在半程马拉松中打破了自己的最好记录。然后她回来训练，就能够更好地运动并看到自己的改变了。所以，如果你能够正确地运动，你就能以最佳的状态运动。更重要的是，你的身体学到了能改善跑步的技能。

不要满足于 B 计划

好的跑步者能够本能地用平稳的步态去跑步。每迈出一步，大脑和身体都能够互相配合去达到最佳状态。这些运动员一直训练自己达到计划 A 所要求的目标，尽己所能地去更高效地跑步。跑步者们指望着专家能够就如何改善自己跑步的方式给出建议。可是当脚落在地上时，身体却并不能很好地实施这些建议，这无疑是令人沮丧的。让我们回头来看看自己的身体是如何学习运动的吧。可能你的学习方式就是阻碍你跑到最佳状态的关键。最好的结果是，我们必须进行高质量的训练，但是你跑步的质量最终取决于你身体允许的最大范围。

让我来举一个很恰当的例子吧。我的朋友韦斯打算纠正自己的步态，但是他不具备完美的跑步身体，而且他的工作和生活方式无益于跑步。他不眠不休地在飞机上坐的时间比别人睡觉的时间还要长，然后他又整天坐着开会。坐太久会影响他的体态，抑制他的身体建立核心力量和启动臀部肌肉，而且他的旧伤会使他的右脚踝关节僵硬。髋关节的僵紧让他无法做一个标准的俯卧撑，所以他的腿会大幅在身体前侧摆动而不是在身后摆动。这种飘忽的步态会加重膝关节周围肌肉的压力，从而让肌肉不能带动腿部伸直，这样一来跑步时身体会更加的紧张。然后每跑一步，他右脚踝的僵紧会使脚向外翻，这时，他的腿则不得不因为受压而摆动得更大。

我们想提高韦斯跑步时身体的控制力，但是由于上述种种问题，他的身体目前只能执行 B 计划，而且他已经习惯了这种"偷工减料"的跑法。韦斯并不是唯一有这种问题的人，弄清楚如何高效地走路和跑步是很重要的。韦斯的身体已经在身体能承受的范围内尽可能协调和配合步伐了，以便高效地运动。每次跑步时，由于他脚踝处的僵硬和臀部不会启动发力，我们要使劲去纠正他的步态。

终于有一天，韦斯请他健身房的朋友帮忙了。他的朋友给出了各种建议帮助他解决运动时的问题。几个月后，他的髋关节和脚踝的问题好转了很多，但

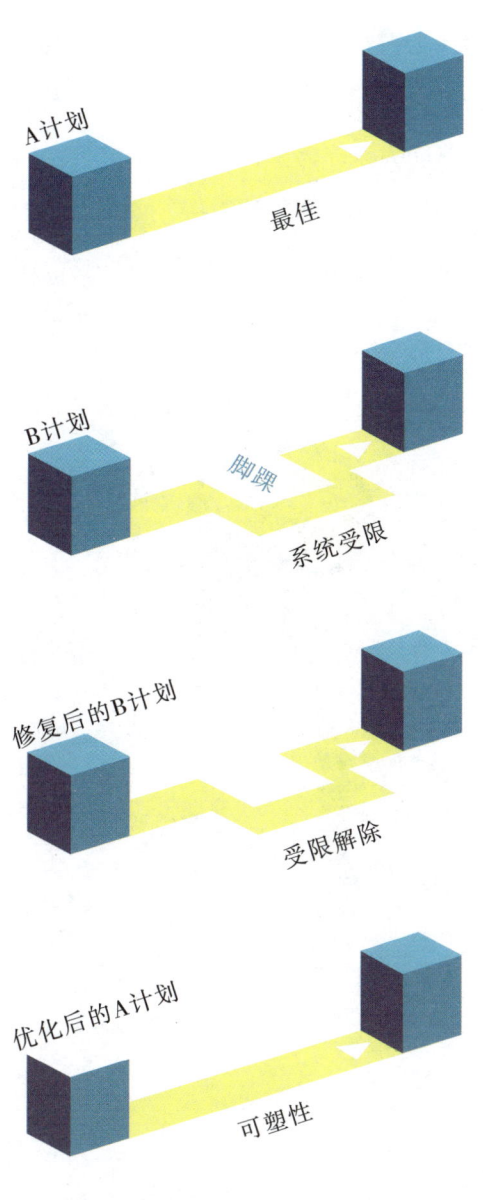

图2.1 训练等于可塑性
运动时受限迫使你不得不换一种方式来运动。一旦解除，你必须在新的运动中训练身体的控制力以提升跑步。

是韦斯跑步的方式却一点也没有改变。为什么呢？你的运动能力可能会变得好些，但是你的身体并不知道如何去利用这些能力。你需要花时间去训练自己将新的运动能力和大脑连接。如果你想做到这一点，你就要重塑你的运动方式（图2.1）。

重塑运动反射能力

挠挠你的鼻子，这很简单，现在就挠。那么这个简单的动作是怎么做到的呢？首先你收到一个指令，你的大脑批准行动，发送信号给你的手臂肌肉让它抬起手来向脸部移动，然后精确地找到鼻子的位置，弯曲手指去进行挠这个动作。

这么简单的一个挠的动作就需要这么多步骤，是不是很吃惊？这一系列的动作我们称之为自主性运动。你有意识地决定去动，然后大脑就执行任务。

现在，起身走到房间的另一端，然后再走回来。同样，你的大脑发起一个自主性运动的指令要你去走，你起身开始走，但是再往后就不是大脑要求你去走了。每走一步你都会屈髋抬起，伸展膝关节，摆动下肢，脚落在地上，滚动脚踝带动小腿向前从而拉动身体向前，然后重复这个过程。当做这个动作的时候，你并没有去想，你的动作不是有意而为的，只是条件反射而已（图2.2）。

反射性运动是无意识的运动。事实上，大脑发送的信号传遍你的全身，让你去爬、走、跑，这些动作都是通

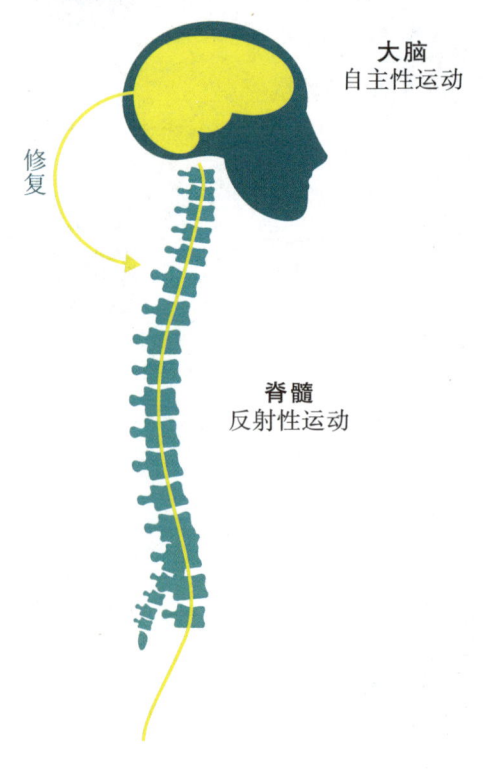

图2.2 用潜意识去跑步
指导你跑步的命令是从一个位于你大脑下方的中枢模式发生器中发出的。

过一种叫"中枢模式发生器"的特殊系统来执行的。你需要知道的关键是，中枢模式发生器位于大脑下面脊髓处，这就是迈步时不需要动用到脑力的原因。既然自发意识始于大脑，那也就是说，跑步动用的是你的潜意识。每跑一步你都在强化自己的迈步模式，无论这种步态是有益的还是无益的。有的时候随着跑步你身体的疼痛会加剧导致跑起来一瘸一拐的，你的朋友会很容易注意到这一点，但是你自己却意识不到，因为对你来说这种感觉是正常的。中枢模式发生器从你的跑步中了解你的跑步模式，然后建立和大脑的连接，也就是去习惯你的跑步方式。

是的，如果你可以让左腿更用力去平衡你的右腿，我们是有可能建立这种条件反射的。但是你要动用大脑的意识通过位于脊髓的中枢模式发生器去发送信号才能够修正惯有的跑步反射模式。

这就是为什么跑步会是很困难的。试着通过对抗你的惯有方式利用自己并不完美的身体去找到一种完美的锻炼方式吧。如果你曾经试图改变自己的跑步节奏，你直接就能明白我的意思。按照每分钟跑162步的速度跑上8年，然后当你想改成每分钟跑180步，这时大脑需要付出巨大的努力才能适应你的改变。你不可能迅速改变速度，就好像你也无法很快改变跑步姿势一样。当一个站姿僵硬找不到脊柱中立位的人打算跑一个半程马拉松的时候，他如何能昂首挺胸地站在起跑线上呢？

神经可塑性

许多年前，我的头部受过一次严重的外伤，曾一度导致了昏迷。头部的肿块在我脑袋里游走，从头骨上面移到了下面，我的脊髓也遭到了挤压。当我出院的时候，我无法沿着马路牙子走直线。我脑部和脊髓的创伤让我无法保持身体的平衡和协调。我记得，当时我不得不考虑用一种受伤以前从未有过的方式来走路。由于我的脊髓发送正常反射信号的能力受损了，我的大脑就需要发送自主性运动命令给身体，于是我要大量地练习走路。最终我的大脑和位于脊髓的中枢模式发生器达成了一致，形成了新的走路模式。我的大脑可以继续回去想其他事情了，我又可以自动地、条件反射地去走路了，而且我也可以沿着人行道走直线了。别担心，现在我很好，但是这件事揭示了可塑性的真相：你是完全有可能改变你的运动方式的。

还有，很多跑步教练会让人们通过减少接触地面时间的方式去跑得更快，这种建议最早是根据一群美国顶级跑步运动员的经验而来的。他们被告知在所有的跑步过程中要尽量去缩短脚接触地面的时间。但是这需要完全重构他们跑出每步时落地的力度。即便是这些优秀的跑步选手，也不确切地知道该如何去做，才能通过肌肉的重塑和加强来迫使自己完成这样巨大的改变。这种方法造成的严重后果是，很多跑步者以受伤告终。

减少与地面接触的时间确实能让你跑得更快，但是你必须训练自己的身体正确地去进行这样的练习，然后你才能够整合和改善你的步态。你可以改变你的跑步方式，但是好的方式不可能通过一个赛季的提示就能形成。你的身体要建立属于自己合理的肌肉记忆数据库。一旦你的身体有了这种记忆，它就知道该如何去做了。就像骑自行车一样，一旦骑起来就知道怎么骑了。

建立肌肉记忆

当韦斯来找我的时候，我们发现他负责髋关节外旋的肌肉不能启动。通过治疗，韦斯学会了如何通过局部运动去感觉和调动髋关节肌肉。最初，当他做这个练习时连话也说不了，这种困难不但来自于身体，很大一部分也来自于精神。对于我们大多数人来说，如果将集中注意力的程度分为10个等级，精神集中地去进行一项新的运动需要的等级是7级。这个阶段是改善运动的"认知阶段"。在这一阶段，做动作并不是很顺利，需要动用很多的脑力。在这个练习的早期阶段，解决"让腿伸直"这样的问题并不是当务之急。韦斯只是还不能把形成条件反射步态所必需的肌肉记忆加入进去而已。

2周的练习之后，韦斯已经能够更随意地活动自己的髋关节了。他已经形成了一些新的肌肉连接。现在是时候让他练习好的动作成为全身运动的一部分了。在韦斯被告知他已经可以将髋关节回正了，他也确实正确地做到了。因为不用去向外扭转膝关节了，他身体的重

认知
↓
组合
↓
自发

图2.3 形成智能系统的力量训练
伸膝训练只可以增加单块肌肉的力量；但更多功能性的运动，比如单腿下蹲，能够建立肌肉间的力量和协调力以改善你的跑步。

量落在了脚的外侧。这让他可以保持一个有力的、坚实的步伐，保持正确的髋关节动作去跑步了。韦斯自己也感觉这样运动是更正确的，但是他还是需要多费点力气去保持这样的跑步方式。因为他并没有构建形成强大的正确运动的精神数据库。他曾经的B计划对他来说还是很正常的，正确的跑步A计划还需要刻意强迫自己才能实施。请记住，跑步是一种条件反射。对于韦斯来说，要想修正自己的跑步方式，就必须额外动用大脑的力量，让正确的跑步方式控制自己的身体来跑步。这就是目前被人们称作改善运动方式的"组合阶段"。在大脑的要求下，韦斯可以按照正确的方式运动了，但是这个运动方式还并没有完全被重塑。

又经过了1个月的练习，韦斯发现训练变得容易了，他几乎已经可以不用

纠正动作就能跑步了。这个阶段我们称为"自发阶段"。他的臀部肌肉在燃烧，韦斯已经学会了将动作融入步态之中，他的髋关节是对称的，跑步的动作也是平衡的。他可以正确地伸展髋关节，疼痛感也完全消失了。通过神经肌肉的训练，我们修复了身体这方面的问题。

让我们再来把要点回顾一下。韦斯带着疼痛跑步，他跑步的方式有很明显的问题。腿部的塌陷增加了膝关节外侧的剪切力，使得他髂胫束很紧，但是，导致他腿部塌陷不能伸直的根本原因是什么呢？我们知道，并不是肌肉无力，因为用6~8周的时间我们才能让肌肉增加并更加有力，韦斯只用了4周就改善了。那么是怎么回事呢？

韦斯的腿之所以向内撇是因为负责稳定性和关节运动的髋关节肌肉不能通过中枢模式发生器启动发力。导致的后

果就是即便你告诉他该如何去做，他还是不能摆正髋关节的位置。精确运动需要动作的协调——需要内外部的肌肉同时合作才行。

肌肉内的协调就是一块肌肉可以自己启动。肌肉是由很多纤维组织构成的，这些纤维组织缩短从而使肌肉收缩形成运动。当肌肉被抑制，或是不能启动，这些纤维组织也就不能收到信号去启动了。要改变这种状况，要进行特殊的，有时甚至是局部的肌肉练习，去训练肌肉内部的纤维组织能够彼此配合形成统一的收缩力。这类训练的目的是建立肌肉智能系统。

肌肉之间的协调意味着肌肉能够互相配合。你可以像一个健美运动员一样先做8组腿部伸展运动去改善你内部肌肉的协调能力和力量，直到你练出股四头肌，原先的牛仔裤穿不上了为止。但是只锻炼一块肌肉并不能帮助你更好地跑步。在运动中，肌肉不是像你做腿部伸展运动时那样单独起作用的，你需要去训练你的动作，而不是肌肉。这种训练的目的是建立身体的智能协调系统。

一些人把肌肉之间的协调看做交叉锻炼，但是这和实际相差甚远。研究表明，神经肌肉训练能够获得非常好的效果，能够减少受伤的风险，能够改善协调、速度、灵敏、垂直起跳能力，还能缩短与地面的接触时间。这方面的训练能够对训练跑步技能起到完善作用。而交叉锻炼起到的效果是让跑步者的心肺在少跑的情况下也能够尽量保持状态。补充性的训练能够改善你的跑步技能，能够让你变成一个更出色的跑步者。

当我们说肌肉没有启动时，我的意思是肌肉不能形成条件反射性的运动。这就是为什么我们要注重在肌肉内部和肌肉之间都建立起协调性。通过练习，神经可塑性可以让我们将精确的动作传到中枢模式发生器，然后再将动作转换成自我引导的精确跑步方式。

协调性、控制力和精确性是所有跑步者都需要练习的，只有通过大量的练习和一直坚持才能获得。每周要进行几次这样的训练，坚持整个赛季以确保练习的技能能够应用到日常跑步中去。你需要去掌控动作，而不仅仅是去练习；不管是跑到1英里时还是跑到5英里时都应该能保持这种运动模式。每次不管是在跑道上，还是山上，又或是你跑出的每一英里，你都要记得跑步的最终目的是建立反射性的运动知觉。当你需要去施行你练习了很多次的跑步方式时，能够不假思索就按照这样的方法跑，是非常重要的。

3

跑步所需要的
灵活性和稳定性

现在是周三下午的 3:15。上了一整天课后，我们跑步小组的组员们在 5 分钟前都奔到了赛道上。为了让小组成员们活跃起来，我们先来热身。我一眼就发现了伊娃、科尔、山姆和杰克的下蹲姿势是不正确的。我们需要做的动作是上下起蹲，踝关节和膝关节向前用力，髋关节向后用力。但是我们发现他们的脚踝并没有弯曲，这使得他们没有用对力量。因为他们将身体的力量都落在了脚上，下蹲时 4 个人都向后倒，在深蹲底部脊柱塌陷。我们总结了一下原因，是僵紧的踝关节限制了他们的动作。于是我让他们 4 个人去墙那边活动小腿 30 秒钟，以便于踝关节可以动起来。

当他们活动完，我又观察了他们的下蹲动作。伊娃现在已经可以以正确的姿势下蹲了，但是科尔、山姆和杰克还跟刚才一样。

好吧，4个人中至少有1个人改过来了，也不算太差。但是我们要好好再观察一下另外3个人。我们知道身体的条件反射和身体的能力是密切相关的。换句话说，大脑负责弄清楚如何用最佳的方式解决遇到的问题，所以如果大脑系统出了问题，那么就会妨碍动作做到位。让我们看看这两者之间是如何起作用的吧。有时，关节不能移动，我们先要弄清楚为什么不能动，这就是身体的问题。有的时候当我们的关节要动的时候，却不知道如何去动，这就应该是大脑的问题。这两种情况都会造成身体某个部位的不平衡。拉伸、瑜伽、动态热身，或是泡沫轴滚动都不见得总能奏效。要想找到自己问题的根源，还要去弄清楚自己的灵活性受限是什么。只有先弄清楚并解决这个问题，才能安全、稳定地去跑步。

灵活性不等于柔韧性

柔韧性是被动的。你可以拿起你的鞋，把它在鞋盒里来回的弯折，但是鞋不是自己弯折的。灵活性是主动的，就像你可以自主发力让你的脚趾上下动。虽然看起来这就是一种说法，和我们如何在跑步者能承受的范围内去帮助他们克服障碍没有关系，但是这确是帮助科尔、山姆和杰克正确下蹲的关键。以下是一个跑步者会缺乏灵活性的几个原因。

以伊娃的例子来说，她的脚踝不能动。但是在拉伸了30秒之后，她就能动了。原因是，身体本身是有感觉的，这种感觉被称为本体感觉。这是一种能感觉到关节位置的能力，是一种知觉能力。这就是为什么当你闭上眼睛还是会知道你的手是打开的还是握着的。这种感知力一部分来源于关节表面和包裹在周围组织的传导神经，还有一部分来源于肌肉内部的连接组织。这些肌肉连接组织的名字听起来很重要，比如：高尔基腱器官、肌梭。肌肉内部受力时能够刺激这些组织。如果肌肉拉得过紧，其中一个组织就会告诉肌肉冷静下来，放松，不要拉太紧而导致撕裂。但是另外的组织就会告诉肌肉，再拉紧一点，或者是，我们出问题了。然后力量更强的肌肉组织就会一起用力形成一个反射环以保持肌肉能够配合好，保证你的安全和动作的精准。

在教室里坐了一整天之后，伊娃只是需要一些额外的时间去热身，这不是和你的车子在冷天启动引擎的道理一样吗？这些年动态热身越来越流行是有道理的。一些轻负荷的运动，比如摆腿、单腿跳和之后我们要做的一些动作，都能够有效地帮你做好准备，让你之后的运动更顺利。伊娃的高尔基腱器官和肌腱是冷的，没有启动，因此在最初下蹲时她脚踝附近的肌肉是僵紧的。她的小腿肌肉被拉长却并不能刺激这两种肌肉组织。这两种肌肉组织需要一个启动仪式来允许伊娃移动她的踝关节。这种动态热身要落实在行动上，不是去拉伸（即便动作的名称叫作小腿拉伸），也不是去促进肌肉的血液流动，而是去重启肌肉以便于你可以更顺利地运动。但是我们如何才能得知伊娃通过热身改善了肌肉的状况，而不是起到了其他作用呢？事实上这真的只是一个貌似正确的说法。因为30秒的拉伸根本就不够去拉伸脚踝处的任何组织结构。就把这个当成解决伊娃大脑问题的方法吧。

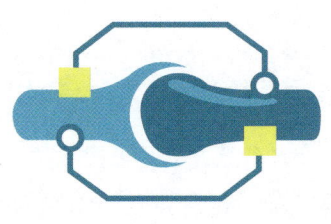

本体感觉

造成灵活性差的大脑问题

你在跑步时是不会去盯着自己的脚的，你是靠感知确定身体位置的。你沿着路跑然后绊到了一块石头，你不必向下看就能知道脚踝崴了，因为你可以感觉到。在崴脚的一瞬间要么你做点什么，要么你只能扭伤了。

这个时候你的身体结构、肌肉和大脑开始协调，就如我们在第一章了解到的那样。韧带内部的特殊神经会发送感觉到的情况，去帮助我们感觉关节的位置，这就是本体感觉。这种感官输入引导着我们的身体及时地做出反应，甚至比我们的视觉、嗅觉、听觉和触觉都要快。这种特殊的神经系统控制着身体发射信号，告诉你们的身体应该蹬地了，而不是去触发肌肉启动，于是我们条件反射式地迈步，这样就可以安全地带动你的脚向前走了。你脚踝周围的韧带应该庆幸，因为这样就不会经常被拉伤了。

但是可能你并不是一个正常健康的跑步者。让我们来假设你经常会扭到脚踝，每次扭到，你关节周围的韧带都会撕裂。好的方面是，韧带可以自行修复到受伤前98%的状态，以便于让关节去修复机械稳定性。但是也有不好的地方，那些之前我们提到过的本体感觉的神经是永久性被撕裂的。因为向大脑发送的感官信号少了，为了保证关节的安全，身体不得不做出微调，所以你的脚踝的控制力也就变弱了。

当你感觉系统出问题时，你的行动也会出问题。脚踝处绝大多数的扭伤（大概 90%）都是人们脚向外崴的时候造成的。如果你是一个经常崴脚的人，可能你走路或是跑步时想避免脚踝内翻。具有讽刺意味的是：一个长期容易扭伤的人，脚踝往往一直是内翻的，甚至脚抬离地面在空中摆动时也这样，因为他们自己感觉不到。

幸运的是，身体还是有一些余力去处理这类问题的。对于那些在韧带拉伤中受损的神经，还有另外一个途径可以让它们重新起作用。你可以通过训练让身体能够对高尔基腱和肌梭发送的信号更敏感，从而改善你对脚踝位置的感知力。

对关节位置的感知力越好 = 关节运动起来越安全

不但是脚踝扭伤的问题，本体感觉的问题也以相同的方式影响着身体的其他部位。你知道对于前交叉韧带撕裂来说，最大的风险因素是什么吗？不是没有力量，也不是遗传因素或是你身体有某种排斥反应，而是你之前拉伤过前交叉韧带。因为运动的方式错误，你拉伤了这条韧带，所以是旧伤导致了现在的问题，让你无法安全运动。当你强行修复你的前交叉韧带拉伤问题，迫使你的膝关节能更稳定地支撑时，研究领域会把你归类为运动知觉差的运动员。因为你并不能从一开始就精准地做动作，所以根据研究，你的后续表现也不会太好。事实上，你在同一侧膝关节或对侧膝关节再一次拉伤前交叉韧带的风险要比正常没受过伤的人高 20～50 倍。但是请记得，这只是特殊情况，是那些不能很好地进行运动的人的特殊情况。将一个飞机引擎装在一个纸飞机上并不能让它飞得更远，同样在感知力很差的基础上加强力量练习也是没有用的。要学习如何更好、更安全地运动和更有效地控制身体才是正途。

造成灵活性差的身体原因

对比伊娃在大脑方面的问题，科尔、山姆和杰克还有身体方面的原因导致他们不能正确地运动。我问过他们每一个人为什么不能下蹲。他们每个人的答案都不一样。科尔说他感觉自己的踝关节前侧很僵硬。山姆说他感觉自己的小腿和跟腱部很紧。杰克说在每次重复下蹲时他感觉还能用力，但是小腿已经感觉特别紧了。让我们来分别解释一下这三种身体的问题。

伸是不管用的，通常会引发更强烈的僵硬和疼痛感。这个时候你需要找一个你信任的物理治疗师来进行治疗。在接下来的一章，你会看到一些针对各种身体部位问题的自助解决方案。

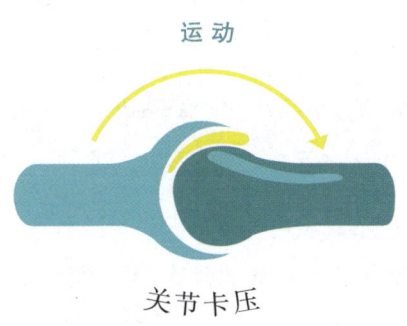

关节卡压

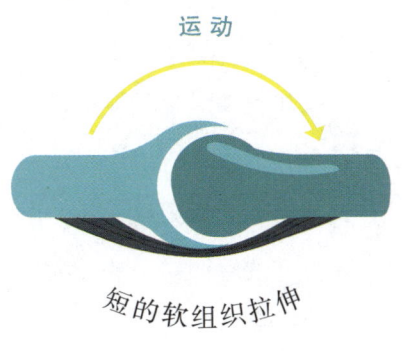

短的软组织拉伸

解锁关节

正常情况下，门是可以开合的。如果你在门下插一个门挡，它就不能自由开合了，不过它还是可以向反方向开合的。尽管关节的结构比这更复杂，但是用这种方法来思考关节内运动的问题是很合适的。当关节动时，它们会滚动和滑动。我们希望科尔能够保持把脚放平落在地面上，他的胫骨能够向前滚动，但是有些人的脚踝就像在前面放了一个门挡一样被卡住了。当你感觉紧张时，关节的一侧就会告诉你它动不了，你要换一个方式去转动或滑动。这个时候拉

拉长软组织

山姆在另一侧脚踝有问题，他无法让他的胫骨向前滚动，因为他腿部关节的后侧（小腿肌肉和跟腱）太短了以至于他动不了。这就好像你是一个孩子，站在迪士尼乐园的太空过山车前面，有一个牌子上面写着：玩这个项目需要达到某一身高。你玩不了，因为你不够高。

如果关节后部的软组织长度不够导致关节不能转动或滑动，你就应该拉伸一下了。当我们拉伸软组织时，会撕裂肌肉。听上去可不是什么好事儿，对吧？这就是为什么为了拉伸而去拉伸是不起作用的。如果什么东西太短了，那就拉

跑步所需要的灵活性和稳定性

长它，否则拉伸不仅是没有作用的，在有些情况下还会影响身体的机能。如果你身体的某些部位太短了，要花时间去拉长你身体的这些部位。只花 30 秒的时间是不够改变软组织的长度的。研究表明，要想达到目的，需要每周花四五天，每次 3 分钟，坚持 10 周才行。举个例子，要想拉伸一个身体部位，就需要去拉长身体的软组织。如果你需要去拉伸，请在锻炼之后来做。我们所说的拉伸是指静态的拉伸。是的，我们将在第五章看到一些重要的拉伸方法。

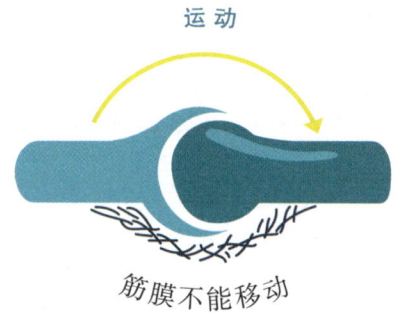

移动软组织

现在该来弄清楚杰克的问题出在哪儿了。3 天前他告诉我们，他决定和他爸爸保罗一起跑步。

这是一段很棒的亲子时光。保罗的身体很棒，他带着杰克在山上跑了 12 英里。在跑了很多陡峭的坡路之后，杰克小腿内部的组织撕裂了。艰苦的跑步伤害了杰克的身体，但是后来杰克恢复了。正常来说，我们身体内部的连接组织（筋膜）是呈线性分布的，这种排列方式可以让肌肉自由滑动。但是太大的运动量会让身体过度运转，从而使软组织受伤，之后软组织就会疯狂地自我修复。这样一来你的软组织就无法恢复之前的线性排列，而变得如蜘蛛网般纵横交错了。这种情况我们把它称作筋膜受限。连在一起的软组织和下面的肌肉粘在一起，形成了超负荷的病灶。想象一下你穿上一套最紧的紧身衣的感觉。从脚那里开始穿，然后用最大的力气往上猛地一拉，很有可能会感觉很紧张把衣服拉坏。相反，你可以用手沿着腿的轮廓往上用力。同样的，尽力去拉伸那些被卡住的筋膜会让那些紧紧地挤在一起的压力点放松下来。这样做的目的是解决那些本来应该能滑动的软组织移动受限的问题，也可以帮你消除身体的压力，从而用更健康的方式跑步。泡沫轴和曲棍球的球都可以派上用场。如果幸运的话，你也可以找一个按摩师，他能够帮上很大的忙。我们让杰克用泡沫轴来舒缓几分钟，突然之间他就感觉好多了。

表3.1 改善灵活性的一些指导方法

问题	解决方案	要点
如果关节紧	在锻炼之前做一些动态热身运动去改善肌肉运动知觉	所有的运动员都受益于在锻炼之前做一些动态热身运动以便于能更好的运动
如果关节卡压	在锻炼前做一些手动的按摩去改善关节的滚动和滑动能力——根据身体部位的不同一般需要1~2分钟	如果你感觉关节卡压或是紧，请有目的地去改善一下关节内部的滚动和滑动；拉伸不起作用，还可能会刺激到关节
如果关节后侧缺乏柔韧性	请在锻炼后进行拉伸以便于拉长软组织——一周5天，每次3分钟，并坚持10周	如果你的软组织不够长，请拉伸一下；如果不是这样就不要拉伸了
如果关节四周的连接组织感觉僵硬或有束缚感	在锻炼前后做软组织活动的练习，每个身体部位做2分钟	所有的跑步者都会因为全年高强度大量的跑步增加软组织的损伤，感到僵紧时用泡沫滚轴滚一滚

　　在之后的章节我们会重点关注一些重要组织的灵活性问题，但是说实话，这个问题不难解决。如果你是一个有耐力的运动员，你的身体在一个赛季的每个时候都将处于一种高度紧张的模式。紧张程度取决于你有多确信自己的软组织能支撑住你的跑步。无论是否觉得僵紧，每个星期你都应该花几分钟的时间用泡沫轴去滚动一下你的大腿、胫骨和脚。这花不了多长时间。这是你的个人定位消除任务，能够让僵紧的部位再一次动起来。

　　再说一下那4位有不同问题的跑步者吧。他们都不能用正确的方式运动，但是却有不同的原因。同一治疗方式不能对每个人都有效，因为他们的问题不一样。现在让我给你们一些忠告，一个人可能确实很需要不止一种干预疗法（表3.1）。如果科尔的脚踝关节因为物理原因受卡压已经很多年了，那么合理的解释是关节后部的软组织应该已经适应了不去移动并变短了。所以如果科尔做弹力带辅助的踝关节灵活性的练习，然后突然就能很好地运动了，当然最好了。但是当我们解决了他关节不能自由滑动的问题后，可能会发现移动胫骨向前导致了关节后部产生了一个超级紧的拉力。这就意味着，关节的卡压是被解除了，但是我们现在需要拉长关节后部已经变短的肌肉了。

稳定性需要在运动中可控

我们可以让跑步者不再受卡压，但是这只完成了一半目标。不受控制的运动也会造成不稳定和受伤的问题。试图从一个独木舟上发射大炮，你摇摇晃晃的小船将会立刻沉没。所有的力都需要在可控的基础上保持稳定。如果想要稳住独木舟，我们可以在两边各加一个舷外支架。但是这种方法对跑步者是没有用的，因为你必须从内部建立起支撑力。不管你是否准备好了，你都要认识到跑步会给你带来巨大的压力。唯一能够控制这些压力的人只有自己。如果你不能控制你的身体，你很有可能会像80%的跑步者一样来回摇摆。建立起自身的控制力能够让你不再属于这80%的人群，而成为一个真正的跑步者（图3.1）。

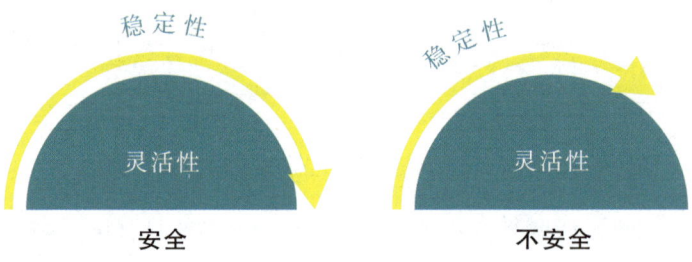

图3.1 安全运动
在控制下能够通过稳定性保持关节的位置。如果没有稳定性，关节就会移位，运动效果就会很差，然后超负荷和受伤的情况就会发生。

请记住灵活性是一种主动能力。如果关节不受限了，那么一个跑步者需要重新学习如何去适应这种新的运动模式和改善关节内部的微小运动能力。这种能力来源于对本体感觉的训练，通过训练能够帮助身体感受身体各部分的位置。

这种对运动的感知会传送给身体，然后帮助我们去想办法更好地运动。这就是柔韧性（被动运动）和灵活性（主动运动）的主要区别。好的灵活性意味着身体中松垮的东西不见了，你能够100%地控制关节的运动了。

当我们说到动作的稳定性时，正如我们拿着一块两边等距的木板一样，我们不是指静态的稳定。当我们跑步时，身体是动态的，是在一直运动着的，因此我们需要的稳定性也应该是动态的。这就是为什么本书中的很多关于稳定性的练习都是动态的。毕竟我们最终的目标不是让朋友看到我们能拿着一块平衡板站4分钟，而是要在跑步中提高运动能力。

跑步时需要从三方面来建立动态控制：垂直，水平，前后。如果保持关节均衡受力的肌肉没有建立起来，运动的

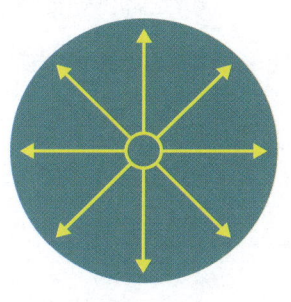
启动=平衡

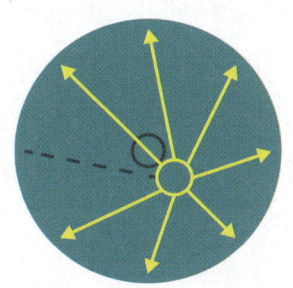
抑制=不平衡

图3.2 平衡的关节和不平衡的关节
想要精确地运动身体，关节周围的肌肉必须能平衡受力以便释放肌肉的紧张感。如果肌肉是启动的，关节就能够自由活动。但是如果肌肉没有启动，肌肉周围的紧张感就会导致关节受伤。支点不稳，关节就不稳，就会出问题。

平衡也就无从谈起了。我们花费了如此多的时间向前跑的同时引起肌肉相对不能均衡用力，从而导致了关节不能打弯。失去了控制力也就谈不上精确地去运动身体了。

巨大的力 + 不稳定的杠杆 = 很多问题

在最理想的情况下，推动你身体向前的大约一半的能量来源于我们称之为肌腱的巨大弹性带状组织。当肌腱的弹力起作用时，它能够提供给附着在它四周的组织一个固定的支撑力。当缺乏支撑力时，肌腱也无法正常起作用，这就意味着你的肌肉不得不更加用力。所以建立关节周围更强的稳定性有助于让关节更好地传输力量，从而提高运动的效率。

通过让肌肉多受力，可以减少关节受力。提高身体的稳定性能够加强关节周围肌肉的受力，但这也只是一种权宜

之计。关节周围的控制力不好的话，会导致不稳定和无力的状况，而这些状况又会引发关节的磨损和撕裂。肌肉可以休息和恢复，但是关节的压力会对长久的健康有很大的影响。

当你能够精确地运动时，你就能掌控运动。如果你能掌控运动，你就能够掌控自己的跑步方式。你的反应能力会达到你需要的标准，而不是去凑合使用 B 计划的运动模式。让我们开始修复你运动方式的潜在问题吧！仅需很简单的两步：

第一步：改善关节的滚动和滑动能力、软组织的长度或筋膜的灵活性，以便关节能够恢复正常的运动能力。

第二步：和自己的身体建立连接，从内部构建运动的稳定性。

你的身体决定你的跑步方式

好的运动方式是怎样的呢？关于这个问题有很多不同的答案。因为我们每个人的天资不同，你不可能和你的队友用一模一样的方式跑步，也不可能跟和你站在同一条起跑线上的对手一样。实话说，你本来也不应该和他们一样。因为他们都不是你！有的人高，有的人矮；有的人大腿长、小腿短，有的人刚好相反；有的人臀部宽，有的人窄；有的人足弓高，有的人平足；有的人的身材像巨石强森（美国男演员，以身材魁梧著称）一样，有的人像奥尔森姐妹（美国女演员，身材苗条）一样。我们不可能让每个人都用相同的膝、肘部弯曲角度跑步，也不可能让每个人用相同的足部位置着地。不同的人用不同的方式跑步是很正常的。

虽然不存在适合所有人的跑步方式，但是我们确实有一些对于建立正确跑步方式有益的基本运动目标。你的跑步方式应该遵循以下几条：①既定速度下跑得更高效；②尽可能减少压力；③跑步的时候尽可能保持平衡。现在让我们一起来深入了解一下！

 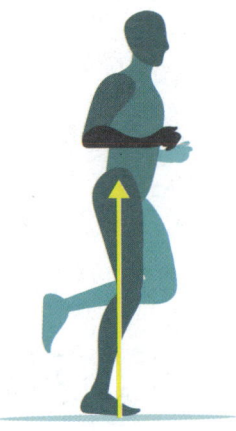 

| 与地面接触时受的力 | 身体与地面垂直时受的力 | 向前驱动时受的力 |

图4.1 跑步的效率
在与地面接触时,地面的反作用力能够让你进入能量储存的状态。在身体与地面保持垂直时,身体是保持均衡受力的(既没受向后的抑制力,也没有受向前的驱动力),这时身体需要最大的稳定性。在身体向前跑时,储存的弹力被释放出来了,这样身体就能够被带动向前了。

目标一:高效跑步

高效跑步被定义为:某一特定的跑步速度之下所需的能量多少。这个概念和汽车的燃油率有点像,也就是说在消耗一加仑汽油的情况下,一辆能效高的车比另一辆能效低的车能跑得更远。如果能提高跑步的效率,在付出相同努力,消耗更低能量的情况下,你能够跑得更快。

在理想的情况下,我们跑步时消耗的能量大约一半来自于主动的肌肉收缩,另一半来自于肌腱储存的弹力。想一下弹弓的工作原理:要想弹出石头,必须先把皮筋往回拉。当脚垂直落地时(也就是当双脚位于身体正下方时),能量就会被储存在肌腱部位。

当我们从这个姿势过渡到身体向前冲时,我们的身体就会像弹弓上的石头一样被发射出去。当身体储存的能量被释放出来时,就会推动我们的身体向前(图4.1)。所以提高跑步的效率就是利用身体的反弹力,从而让肌肉不用承受过大的压力。有这么几个方法不但可以帮助你大幅提升跑步效率,还可以帮助你形成耐力。特别平衡的跑步姿势和双脚接触地面的位置,与你身体能形成多大弹力是息息相关的。普遍的规律是,你希望能维持脊柱中正的体态,在既定的速度下,在脚靠近身体的时候尽可能去用力蹬地。

目标二：跑步时减少压力

每跑一步，身体承受的压力大小由两个主要因素决定。而这两个因素也恰恰是所有过度运动导致损伤的元凶。

承载率过大的问题

我们将那些跑步时把脚步落在身体前侧太远地方的跑步者称为大跨步跑步者。这类人经常会因双脚承载率过大而导致身体超负荷。这是什么原因呢？这是因为他们每次快速迈步时身体都要承受自身体重2.5倍的负荷。如果他们用这样的方式跑数英里，那身体一定会崩溃的，而且是持续的崩溃。让我们来思考一下，这种跑步方式是如何导致普通运动过度损伤的吧。大腿前侧（胫骨）的应力性骨折就是典型的由两个问题导致的运动伤害：一是跑步者步子迈得太大，还有就是向身体施压太快。不但如此，这类跑步者双脚肯定会因为僵硬而导致无法帮身体缓冲冲击力。这样一来，所有超出的负荷都加在了大腿胫骨上。如果将所有问题都叠加起来，你无疑要为超负荷买单了，也就是会导致应力性骨折。

要想帮助一个有这类问题的跑步者解决问题，我们先要让他的双脚在跑步中起到应有的作用，减少因将压力都集中在胫骨上而导致的创伤。然后我们再来解决双脚需要落得更靠近身体的问题。对于那些喜欢数字的人，我们会这样来说：基思正在以7500N/s（牛顿/秒）的承载率跑步，通过改善他的步态，现在我们将他跑步时的承载率下降到了5000N/s。这就意味着他每周跑步的全部里程中，每迈出一步，他身体内部的软组织都少承受约33%的拉伸力。完胜！在第十章我们将告诉大家如何稳定双脚并将接触地面位置尽可能靠近身体的方法。

不稳定问题

跑步者必须要稳定在所有三个运动平面作用于他们身上的力量。如果不能控制身体的位置，跑步时就会来回晃。跑步时，身体有一些侧向摇摆是正常的，这是健康的跑步方式中正常减震策略的一部分。但是当人们不能稳定住身体各部位时，我们会看见他们整个身体都在剧烈地摇晃，而且摇晃没有任何规律。让我们再来看看应力性骨折是如何在胫骨处形成的。不过这次得出的原因是完全不同的。这次的原因是，跑步者的脚步协调能力完全不起作用了。由于脚内

我们都将脚步落在正前方

　　一般来说，你应该将脚步落在身体的正下方。但是除非你加速，否则一般是不可能做到这一点的。我可以在我的实验室让跑步专家或是任意跑步学校的任意一个跑步者来证明，在恒定速度下，地球上的每一个跑步者的脚都会落在身体前方。诚然，落步时离身体太远和步子跨得太大对跑步者来说都不好。有这样几个原因：这样会增加身体承受的机械压力，同时会降低跑步的效率。但是将脚步稍微落在身体前侧一点却是有好处的。因为这样跑步可以让我们在肌腱处储存能量，从而减少要用肌肉启动的力量。你想知道如果肌腱不能储存和释放能量，会引发怎样的后果吗？尝试一下快跑吧。快跑时双脚着地时间太短以至于力量无法被吸收和反弹。这就是为什么你跑完100米需要休息一下的原因了。弹力是你能够脚步轻松地跑一整天的原因。

前脚着地

　　有一种跑步方法是现在仍然被人们所推崇的，就是跑步者必须要前脚先着地。现在让我来和你分享一些我的研究结果。几年前，我应邀参加一次纽约的赤脚跑步比赛。一群激情四射的跑步者认为跑步鞋是一种完全没必要的邪恶的存在。他们鼓吹说，除非你是用前脚掌跑步的，否则你跑得就不对。我的一个朋友在路边的灌木丛中架了一台摄像机，当这群人跑过的时候把他们拍了下来。结果这群人中有一半以上都没有用前脚着地。他们有大多数人都是用脚掌中部着地的，还有相当一部分人是用脚后跟着地的。

　　跑步时的步态确实值得我们好好探讨一下，但这只是众多问题中的一个。用前脚掌接触地面确实能在很大程度上减少负载率，但是用这种方式跑步要付出额外的精力。而且研究表明，当人们疲劳时是会改变自己的步态的，跑步速度和跑步时的路面状况也是会起到重要作用的，所以应该用自然的方式去跑步。你的脚着地位置和身体的关系比你用脚的什么部位接触地面更重要。不如让自己像一个大摆钟那样去自然地跑步吧（表4.1）。

表4.1 步伐和脚的位置对跑步的影响

	压力	效率
当你大跨步跑步用后脚跟着地时	因为脚落在身体前侧比较远的地方，身体会承受较大的压力	需要额外的力去让身体上下运动的幅度更大，腿前侧的肌肉会超负荷
当你钟摆状步幅跑步时	压力较低，身体处于理想的负荷状态下	最佳的回弹力使得跑步更有效率
当你大跨步跑步用前脚掌着地时	由于脚踝处的肌肉吸收了一些负荷，所以身体的压力较低	脚踝处的肌肉超时工作以保持前脚掌着地。过度的加速或减速降低了跑步的效率

部的肌肉没有启动，减速时胫骨被迫用了更大的力，这种对胫骨处肌肉过度猛拉的行为最终损坏了骨头的外保护层。在这种状况下，首要任务就是去改善脚部肌肉的协调和控制能力，以便身体可以在跑步的时候沿直线跑并保持住跑步姿势。接下来，我们需要检查一下身体的其他部位，看看是否能发现其他表明跑步者不够稳定，或是让身体超负荷工作的问题（你将在后面的章节中了解到如何去发现这些问题）。

身体压力大，不是由减震不好造成的就是由身体不稳定造成的。身体承受的压力大能够导致软组织超负荷。为了改善这两种情况，需要通过改变跑步方式来让我们在跑步中承受更小的压力，当你的身体各部位协调合作时，就能控制运动和减小每次迈步的压力了。

目标三：对称性

一些人是左利手，一些人是右利手。可能你在写字画画时其中一只手拥有更好的动作技巧，这没问题。你们中有些踢足球的人可能注意到了，当你用右脚射门和传球时，可能准确性会更高。当处理这类需要良好准确度的动作时，身体不对称是没问题的。但是进行大肌肉群运动任务时，比如跑步，人们是需要两条腿对称的。没有人希望像瘸子那样去跑步。如果3天前你崴了脚，现在你几乎不能走路了，那么走路去见一个离你有8英里远的朋友显然是不明智的。如果你不能对称地去运动，你也就不能对称地去跑步，因为身体的不对称最终会回来给你找麻烦。

当身体已经出现了不平衡的问题

从一开始我们就清楚跑步的三种正确方式是基于理想条件下的。

为了进一步了解,我们来想象一下大摆钟吧。我们的后背下部有一些轻微的弧度是很正常的,我们希望能在脊柱中间保持正常的弧度。立式大钟的工作原理也正好对应了这个理念。钟摆从一侧向另一侧自由地摆动,正如我们的腿在高效低压力跑步状态下前后摆动。让我们一起来看看当我们挪动了大钟时它会怎么样吧(图 4.2)。

如果我们将大钟向前或向后倾斜,会影响钟摆的摇摆。同样,当你用糟糕的姿势跑步时,脚和身体的配合会一团糟。有趣的是,后背的腰曲过弯,或是身体向前倾斜得太多,都会让脚落在身体前侧更远的地方,这样就会影响每次迈步的效率和增加每次迈步的压力。这里给你的建议是,跑步时要保持上身竖直,可以轻微向前倾斜一点身体。

有时候身体这种钟摆式摆动也会造成一些问题。以某一固定速度跑步时,

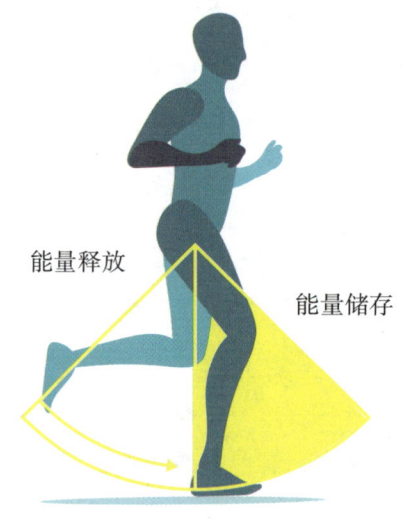

良好的跑步方式

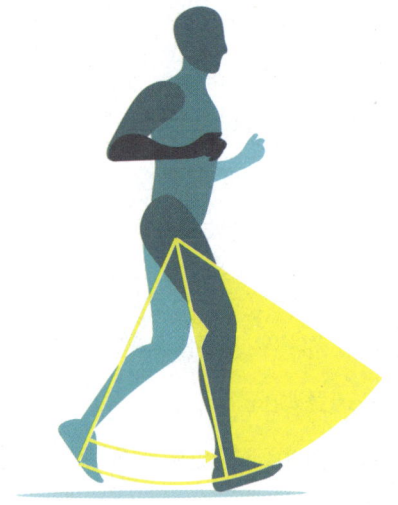

步幅过大

图 4.2 钟摆式移动
用好的方式跑步,你迈步时感受到的压力是很小的,也能让你跑得更有效率。当你的脚落在身体前侧太远的地方时,或是步子跨得太大时,你的身体会更向上或是更向下运动,这会加重腿前侧肌肉的负荷,也会增加每次迈步时的压力。对称钟摆运动的跑步方式能够帮助你建立正确的步幅。

每一步都有固定的步长，腿会在身体下方形成一个弧度。如果你的髋关节僵紧，腿就没办法向后摆，钟摆式摆动就会不稳。因此每次腿的摆动幅度都要求相同，如果向前摆动得更多，向后摆动得更少，这种不平衡会减少回弹力，改变跑步时的动能。你像弹弓那样储存了更多的能量，但是身体的卡压阻止了能量的释放，从而不能形成足够的回弹力，肌肉则不得不承担更大的压力，跑步的效率也就降低。除此以外，脚落地位置太靠前会增加身体的压力，从而导致身体承受更大的负荷。现在想象一下你有两个钟摆，也就是你的两条腿，它们会同步相对摆动，如果不是这样，就会造成身体的不平衡。这就是对称性的作用。

跑步的节奏感

有这样一个理念，就是节奏感能帮助你更好地跑步。事实其实是这样的：大多数跑步者迈的步子太大了，当他们有节奏地跑步时，就没有足够的时间像平时那样大跨步地跑了。要记得，任何能够让脚落地时更靠近身体的改变方式，都是极好的跑步策略，因为这样会减少每次迈步所承受的压力和提高跑步效率。事实上，用更小的步子跑步的确比用更大的步子跑步更有效率。但是我得再说一遍，这是在理想的状况下。

迈一个大步子感觉很好并不代表一直按照这样跑也会感觉很好。当跑得很轻松时，你的腿不必抬起太多就能维持跑步的速度。你并不是每次都要跑这么远，所以有些轻微的懈怠是很正常的。不过当我们想跑得更快时，更多的问题就出现了。一些跑步者注意到，跑得很快时把腿抬得很高，是很难做到的。他们的说法是：简直迈不开步了。这正是一个关键。以特定速度跑步时，需要腿弯曲到一定程度，并将腿抬到一定的高度。节奏感能提醒跑步者缩短向前的步伐跨度，但是同时需要打开钟摆式摆动的步幅来增加步长。一些跑步者就是不知道该怎么做到这点。他们更喜欢增加速度的方式是这样的：通过增加向前的步幅来增加速度。这样一来速度是上去了，跑步效率却降低了。这不是节奏感的问题，这是身体知觉的问题，是可以通过训练来解决的。

你的身体决定你的跑步方式

时间老人告诉了我们这样一个道

理：如果你想要掌握那种能让你在跑步时压力较小，且能改善你跑步时步态的方法，你可能不可避免地要接受我的观点。这个观点就是，你的身体可能恰恰是阻碍你掌握顶级跑步方式的最大障碍。

改善跑步的节奏感

在打算改善跑步的节奏感之前，你头脑里要先有这样几个重要的概念。首先，你现有的跑步节奏是身体已经形成的条件反射。你的大脑已经形成了让你按这样的节奏去跑步的意识。要想修正现有的节奏感，大脑需要做出很大努力来纠正你的步态。如果你改得太猛了，那么将会导致你的大脑想过分地去调整，从而导致你跑得很急促和不稳定。既然改变节奏能够减少关节的压力，那么我们值得花更多的精力去训练这种跑步方式。通过训练是有可能改变你的步态的，但是要一步一步的来。

让我们先来设想一下理想的跑步节奏应该是什么样吧。许多人宣称每分钟跑180步是最佳标准。一些研究机构也认为180步/分钟可以作为理想的平均值，但是这并不是每个人的平均值。所以我们可以把它当作一个很好的参考数值，但不要把它当作一个绝对值。你的最佳跑步节奏取决于你自己的肌肉纤维类型、肢体长度、肌腱密度、跑步的地点和速度。根据全世界范围内的记录，172～212步/分钟是跑步节奏的平均值。我不会强调你低于了这个范围多少，或是你和180步/分钟这个节奏有多接近。那么是谁需要去努力调整跑步节奏呢？如果在中速跑步时，低于170步/分钟，那么你就花时间去提高一点。与其让自己挣扎着去达到180步/分钟这个节奏，不如尝试着一次增加5%～10%就好。研究表明，在不影响跑步效率的情况下，小比例地加快节奏对你的关节是有好处的。同样，对于长时间跑步时去监控自己的节奏也是有好处的。在既定的速度下，节奏感有大约5%的偏差是很正常的。如果你跑步的节奏在周末时从176步/分钟滑落到了160步/分钟，那就说明在疲劳时你的跑步方式跟平时是很不相同的。

以1个月为期，在训练日记上记录你日常跑步时和比赛时的节奏，然后找出两种跑步模式。如果你比赛时的节奏总是高于你训练时的节奏，你就应该在比赛那周用比赛节奏去训练，以确保自己的神经系统在比赛中能适应更快的跑步节奏。如果你是上文我们提过的那些节奏感较低，且跟不上自己比赛速度步伐的跑步者中的一员，那么是时候去改变你那种腿的摆动跟不上自己速度的跑步方式了。

要留心自己跑步的节奏，但不要被其所控制。

训练会增加身体的压力，不过压力和紧张感是逐步增加的，我们的身体是非常擅长去适应压力的。如果你一直用B计划来跑步，那么就意味着你离最佳跑步方式越来越远了。身体没有准备好，那就永远不可能改善跑步方式。如果你不能保持正确的跑步姿势和双腿的钟摆状摆动，你就永远无法达到最佳的跑步方式，你只能维持B计划的步态。针对特殊技巧的刻意练习可以解锁你的身体，将你的步态从B计划提升至A计划的标准。不要再让你的身体成为阻碍，建立起新的肌肉记忆吧。

在这一点上，我们已经认识到身体的某些问题可能是阻碍你跑步的原因，这时我们就应该去各个击破。将这些技巧带入到每次的锻炼和跑步中，你就能跑到最好的状态。重塑跑步计划专注于精确运动和提升身体耐力，将在以下几个方面助力于你的跑步。

1. 姿势控制
2. 转动的稳定性
3. 髋部主导
4. 骨骼对线

在接下来的一章，我们要针对每项技能提出解决方案，来保证你能够精确运动。一些妨碍我们运动的问题是由运动时的卡压引起的，另一些是由肌肉不能很好地控制身体去获得足够稳定性引起的，还有一些是由我们不良的跑步习惯和肌肉记忆造成的。我们会把这些问题一起解决掉。在某种情况下，针对运动时的卡压我们会进行特殊的测试和纠正。如果你有运动卡压的问题，我会要求你花时间去处理，因为问题并不会自己消失。每过几周或是几个月，我们会让你再测试一下，看看是否还需要调整。如果需要，就接着调整。如果你成功地解决了自己的问题，就继续向前走吧！因为一旦你的身体不再卡压，我们的锻炼项目将帮你构建新的计划来改善你的运动。

在每个部分，我们都将介绍新的运动方案有针对性地去解决提出的问题。刻意练习是具有启发性的，能够促使你跳出自己的舒适区，但是这种状态才是你了解肌肉记忆的最佳状态。所以请尝试我们介绍的每种方法，在锻炼部分，你会发现我已经有选择地将这些运动方式融入到练习中去了，来帮助你改善跑步技能、精确性和竞技精神，从而能获得更好的跑步状态。

5
不要破坏身体的支点

几年前,我和一个下背部疼痛的大学跑步运动员一起训练。这个学生又健康又敏捷,貌似不应该有这个问题。他去医院检查时发现,脊柱位置平时并没有痛感,但是一跑步就疼。所以我就观察他的锻炼方式。我注意到他以"后坐"姿势跑步,后背部弯得厉害,使得他的下背部承受了很大压力。当他快跑时压力就更大了。还记得吗?每跑一步我们的身体都要承受相当于自身体重250%的负荷。那么对于他来说,这个负荷全被压在了下背部。不管这个运动员的核心多么稳定,他不良的后背体态都会导致身体超负荷。他跑得越多,就越会刺激软组织受伤,这样一来,他就永远都没有机会改善了。

但是跑步的姿势没那么容易改变。你的姿势反映了你的核心力量、灵活性和习惯。有的姿势对某些人来说是轻而易举的，对于另外一些人来说就是很勉强、很奇怪或是感觉很不对的。我们先不去让有这样问题的跑步者加强核心练习，而是通过练习先改变他的身体知觉。

于是我们达成一个约定，在训练中他想跑多少就跑多少，想跑多快就跑多快，只要在跑步时能够维持健康的脊柱位置就行。当他用良好的姿势跑步时，他跑得就像风一样自由。当他丢掉了正确的姿势，不管是因为疲劳还是精神涣散，我们就会暂时终止他的训练。因为没理由用不良的习惯去练习跑步。

那个赛季后期，他参加了800米的全国争冠赛。随着发令枪响起，8名运动员冲了出去，在离终点200米的地方，他们都感到累了。好像是一种暗示，其中5人变成了后坐跑姿势，他们一下就被镜头甩开了。跑步姿势不正确导致他们要花更大的力气去跑，正是这个原因导致他们在比赛中失利了。另外3名用正确姿势跑步的选手分别获得了第一、第二和第三名。我们的运动员在那场我所见过的最令人惊叹的比赛中取得了胜利。但是获胜并不是我想说的重点。

我想说的是，用错误的姿势跑步会额外消耗你的体能。在第一章中，我们曾经问过："是什么带动你从起点跑到终点的呢？"好的训练会涵盖你能够加以改善的方方面面，从而提高你的跑步成绩。我们都知道跑步是一项很累人的运动，几乎每个人都会在跑步中感觉疲劳。你要保证你的身体在压力下保持正确的跑步姿势，因为压力是跑步的死敌。不管是在NCAA（全国大学生体育协会）全国争冠赛还是在本地举办的5000米比赛中，为什么要在最后200米将自己置身于必须要用更大的气力才能保持速度的窘境呢？

有人觉得跑步姿势只不过是细枝末节，但实际并不是这样，它是跑步的一个重要方面。它能让你保持身体健康，有助于你提前完成目标。那么，让我们看看姿势究竟是如何影响身体和成绩的吧！

重新定义核心稳定性

喝一罐你喜欢的饮料，然后把空罐

放在桌子上，罐子里没有了碳酸饮料或其他液体，这时整个罐子从上到下都只靠自身这个圆柱体来支撑。这种圆柱体的结构能够提供很好的支撑力，即便里面没有装饮料也是一样的。将一个重10磅的物体放在罐子上，它还是能够撑住这个重量。

良好的姿势 = 良好的稳定性
糟糕的姿势 = 不稳定

现在还是用同一个罐子，把侧面捏瘪一点，然后再把那个10磅的物体放回去，你会发现这个罐子会被压瘪的。

当你跑步时，从头到尾每跑一步，你都要承受相当于自身重量250%的负荷。如果你身体这个"罐子"瘪了，那就是说你将无法维持正确的姿势。这样会引发两个重要问题：

1. 你会失去一些协调性，而且你的运动开始变得低效。
2. 你得用更大的力气去跑步。

你的大脑其实在你很小的时候就已经对于如何保持身体的核心稳定性和向远处运动的能力（利用胳膊和腿）形成固定的模式了。当这种核心连接失去了作用，身体的某些肌肉也就不能通过条件反射的方式来启动了，之后你会丢失动作的精准性。当你不能以正确的姿势跑步，身体的对线也就没有了，这类对身体的抑制我们在第二章曾经讨论过了。压力并不会遍布全身，但是某一点的压力已经足以导致全身负荷过重。你身体的某些部分经常需要忍耐一定程度的紧张，在跑步时这种紧张感会加剧，从而导致身体受伤。好的运动需要身体功能全面起作用，你必须找到每个问题的根源。举个例子，许多跑步者锻炼臀部却没有改善臀部控制力或是跑步方式，这是因为他们的臀部和身体核心没有建立起连接。

跑步时本该从肌肉更有力的臀部获取推动力，姿势不良的身体会导致现在不得不从肌肉更无力的膝关节去获取了。不管你是重心下沉还是身体后仰，你的脚都会落在离身体更远的地方，从而导致步子跨得太大。你真的希望自己跑步时要花费更多的力气吗？我觉得不会吧。

在一个并不中立的世界找到一个中立点

想一下每周你花多少分钟去做以下的事情：

- 坐在办公室的椅子上？
- 向下塌着站立？
- 负重走路？
- 穿高跟鞋走路？
- 窝在那儿玩手机？
- 跑步？

我们中的大多数人花费了大量的时间去强化不良的姿势，而且是从很小的时候就开始这么做了。想一下背着超重的大书包和花好几个小时玩电子设备的孩子们。我们都是习惯的产物。你的大脑获得了多少这样的信号，让你用这样的方式来坐立行走呢？你不跑步的时间要多于跑步的时间。在日常生活中一直保持错误的姿势会让我们用特定的方式运动，这就是结果。这种姿势造就了我们，让我们可以穿上跑鞋，满怀信心地希望以正确平衡的体态来个3英里（约4800米）的节奏跑，或是为我们即将参加的半程马拉松做好准备。道理就这么简单：**如果你不能以正确的姿势站立，也就不能以正确的姿势跑步。**

是什么压塌了你的"罐子"

解决"罐子"瘪或是被压塌的问题时，许多运动员采取的方式是增加核心力量，以为核心力量能够解决所有问题。训练核心力量是很重要，但是除非你的目的是锻炼成健美选手，否则你不应该孤立地锻炼核心力量。让我们看看上下核心的问题是如何压塌你的"罐子"的吧。即使你能保持平板支撑20分钟也没用。

你上下核心各有两个很大的球窝关节。下核心保证每侧的髋关节能够自由前后摆动而不会让你的下背部感到疼痛。上核心保证你将手臂举过头顶时不会弄疼你的下背部。但是再次说明一下，你的运动有效性取决于你的身体状况。塌坐数小时会导致髋关节前侧附近肌肉僵紧，并且让你的肩关节向前。"罐子"上部（你的肩关节）、"罐子"下部（你的髋关节）运动受限，将从上部或下部，也有可能上下同时压垮你的"罐子"（图5.1）。当你适应了这种体态，它就成为了你日常坐立行走，甚至跑步的正常体态。你可能通过练习能维持足够强壮，但是这样的勉强维持是没有必要的。

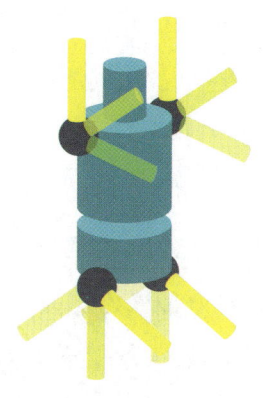  

正常运动状态　　　　　上身运动受限状态　　　　下身运动受限状态

图5.1 不要压垮你的"罐子"
当肩关节和髋关节能够自由活动时,身体姿势是正确的。上身或下身的运动受限都会迫使身体用后背运动而不是用肩关节或髋关节运动。当核心的中心支点被打破了,你跑步的正确方式也就被打破了。

将"罐子"上面的负荷卸掉

我见过无以计数的跑步者都有因跑步姿势、跑步机能甚至下肢受伤不得不靠上肢发力的问题。当肩关节的软组织僵紧时,会带动肩峰向前。假以时日,他们会拉动后背中部(胸椎)向前,然后后背中部和肋骨就会越来越僵硬,"罐子"的前面就会开始塌陷。记得吗?你妈和教练都会告诉你要站直。但是你的后背中部、肋骨和肩关节都太紧了,导致你无法站直。这样一来你就不得不弯曲后背下部来协调中背部的问题,然后"罐子"的后面也塌陷了,从而引发了更加复杂的问题。这种姿势还会让呼吸受阻,由于肋骨不能向两侧和下方扩展,

导致横膈不能呼吸,你不得不随着胸部呼吸提升横膈来对抗重力。最糟糕的局面是,跑步者需要耗费10%的体能去呼吸。本来这份体能是可以用在驱动身体向前跑上面的。

要想将"罐子"上面的负荷卸掉,我们需要采用上面了解到的关于改善身体灵活性的方法。上肢的体态问题需要靠改善关节的滑动、拉长身体僵紧部分,并建立对新运动方式的控制来实现。

构成后背的骨骼叫作椎骨。如果每个椎骨都像在颈部和下背部那样只连接到一个骨头上,那么我们就会有相当大的活动度来转动头和腰椎。但是中背部脊椎固定了肋骨。当你数了椎骨之间的

关节和每个椎骨上下的肋骨附件之后，每个胸椎上有 12 个不同的关节。这么多的关节都在一个椎骨上，会产生大量的身体僵紧状况。这就是为什么你不能像移动其他部位脊柱那样去自由地移动你的后背中部。

如果你的后背中部过度僵紧，那么不是柔韧性的问题，一定是关节的问题。你不能去伸展后背中部，也不能进行主动后弯的动作。要想解决短缩侧关节导致的运动问题，我们需要一些小道具。

一旦我们解决了胸椎和肋骨之间的关节滑动问题，我们就可以用传统的拉伸方式去打开胸腔前侧的胸小肌，它是拉动身体向前的肌肉。因为一个塌陷的脊柱会让你的胸小肌处于短缩的状态，除非你放松了僵紧的后背，否则是不可能拉伸前侧胸肌的。打开脊柱能够拉伸胸部，这样的拉伸才是有效的。每周做特拉沃尔塔（Travolta）花生球或篮球的灵活性练习 1～2 次，或是一直做到你觉得僵紧缓解了为止。一旦你的胸腔准备好了，我们再用点小技巧来让你的肩峰向下向后回到它们该在的位置，然后再用简单的弹力带练习加强这个体态。上举练习和双肩练习（手臂环绕弹力带练习和弹力带拉开练习）会在重塑跑步计划中起到重要作用。这一点你会在第十章看到。

好消息是这个练习的次序并不如你看到的那样复杂。事实上整个日常练习花费的时间不超过 10 分钟，而且对于改善你的体态非常有效。如果你有这样的问题，接下来的全体态修复日常锻炼计划将会让你感觉到不可思议。你会惊奇地发现你的体态原来可以改变这么多。开始努力尽你所能地使你身体罐子一侧或双侧重回正轨。

▶ **姿势矫正**

步骤 1：松解脊柱和肋骨

篮球胸椎灵活性练习(BASKETBALL MOBILITY)

- 坐在地板上，将一个篮球或是足球，甚至可以是一个坚硬的实心球放在身后，双脚踩地，膝盖弯曲，手放在头后，手肘向前，然后斜躺在球上，稳住身体，后背中段靠在球上。
- 让你的头和手肘靠向膝盖。不要看天花板——记住要用靠在球上的后背当支点，脖子不要用力。
- 花2~3分钟沿着脊柱的方向上下滚动，然后找到肋骨处僵紧的位置，用球抵住这些位置，吸气呼气，微微尝试做小幅度的仰卧起坐。当回到休息位置时，想象自己是放松的状态，并将这种状态延伸到球的位置。身体不要蜷起，别让身体太紧张。
- 从肩峰向肋骨底部运动，但是不要让球滑落至后背下部。

小贴士

滚动每个僵紧位置时都做几次深呼吸，几个来回之后，你会找到需要经常练习的地方。

你会受益于呼气。屏住呼吸会使中背部僵硬，所以放松运动并呼吸，肋骨就可以随呼吸移动了。

注意：如果你有骨质疏松的病史，请跳过此练习，因为这个动作会让后背承受很大压力。

姿势矫正

特拉沃尔塔花生球练习(TRAVOLTA PEANUTS)

- 仰卧，膝关节弯曲，双脚平放在地板上。将花生球水平放在中背部文胸线的位置，头枕在地板上。
- 每只手里拿一个2~3磅的哑铃向上举向天花板，放松，让哑铃的重量带动你的肩峰向后打开。
- 将一只手举过头顶，让哑铃接触地面，然后让对侧手下落在身体一侧。
- 重复这个动作10次。然后将身体下移大约1英寸（1英寸=2.54厘米），让花生球向上移动抵住身体的另一节椎骨，然后重复手臂动作。
- 继续重复这组动作，直至花生球滚动到你脖子下面的凸起处。

在物理治疗中用长曲棍球的球能够改善灵活性，用胶带将两个球紧紧地缠在一起（或者牛皮胶布）缠成8字形。当你缠好后看上去像一个花生。

小贴士

是的，这样做会感觉很强烈，但是很有用。如果你的身体长期僵紧，请规律地坚持正确练习。

呼气时会缓解僵紧，所以运动时请放松。

小哑铃会帮助你放松，所以为了获得最佳效果，不要忽略这一点（如果你没有轻点的哑铃，汤罐头或是啤酒罐都可以）。

注意：如果你有骨质疏松的病史，请跳过此练习，因为这个动作会让后背承受很大压力。

步骤 2: 松解胸部前侧

胸小肌牵拉
(PEC MINOR STRETCH)

- 拉伸左半身：俯卧，左臂与身体保持90°向外伸开直至前胸的松弛感消失，轻轻地弯曲左手肘与上臂成45°。
- 右手放在右肩的下面，将右半身推离地面。
- 髋关节、膝关节在身体右侧屈曲90°，然后放松，你会感觉到左肩前侧的拉伸。
- 保持这个姿势2~3分钟，换另一侧。

小贴士

这个姿势能让你拉伸肌肉，消除紧张感。如果你的手指感觉麻和刺痛，将手肘微微靠近腰部一点，这样会减少肌肉的拉伸感。但是更为重要的是，这样能去除压力，我们的神经可不喜欢被拉伸！

让肩膀着地，这样可以安全地去做这个动作。传统的门框拉伸和靠墙拉伸会导致肩部的不稳定，我们应该避免发生这样的情况。

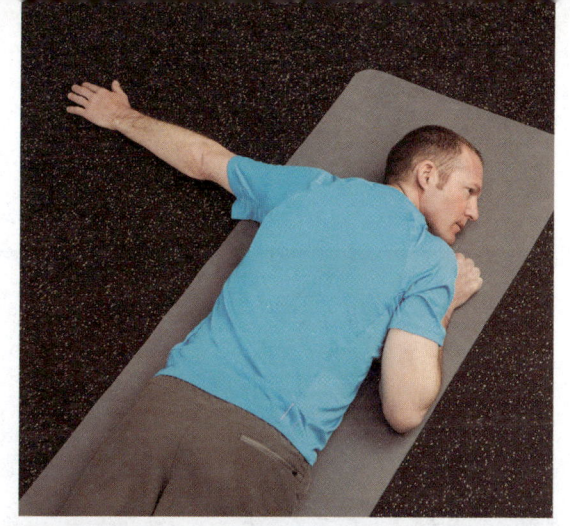
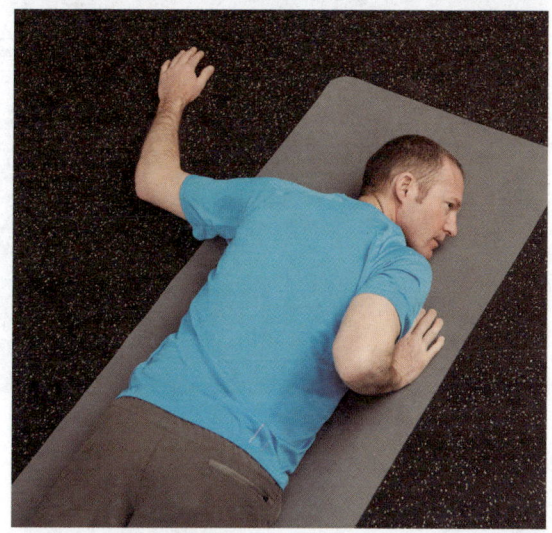

步骤3：让你的肩峰向后回到它们本来的位置

头顶抓举（OVER HEAD CARRY）

做这个运动你需要一个奥林匹克杠铃杆（45磅），或是一个较轻的训练杠铃（15～45磅），大多数体育馆都有这两种器械。在家时你可以用一个扫帚把或是一个塑料管，每端绑上一些踝部加重袋。关键是要足够重才能推动肩峰向下，但是也不要重到你举不起来。

- 用手抓住杠铃，抓的位置应该在比肩宽6英寸处，手掌朝前。
- 将杠铃推过头顶直到手肘伸直锁死。注意胸腔在前面要微微向下，防止下背部拱起。
- 每次至少坚持45秒，做3组。

小贴士

保持肋骨低位。当手臂向上时，胸部不要跟着上提。

让杠铃的重量推动肩峰向后向下。举过头顶时不要试图向上耸肩。

放松脖子，手肘要锁死，让杠铃来完成剩下的工作。

弹力带手臂环绕练习（BANDED ARM CIRCLES）

- 直立，双脚与肩同宽，双手抓一条弹力带（或是橡筋带）放在与腰平齐的位置上，手掌朝前。向外拉紧带子，双手打开，要比肩膀宽10~12英寸（约合25.4~30.5厘米）。
- 上举时将手肘锁死，然后让带子绕到身后，然后再回到中心点。
- 将这个动作做20组，然后做弹力带拉开练习（P. 48）。

弹力带拉开练习（PULL-APARTS）

- 双手握住弹力带，手臂伸直打开，与肩同宽。将手肘锁死，然后将手臂抬至与肩膀下端平齐的位置。
- 两手握住弹力带两端，向反方向用力直至手臂张开，然后再将双手回到初始位置。
- 将这个动作做20次。

关注"罐子"下半部

当你跑步时,腿应该能在身体前后摆动。我从没见过一个长跑运动员跑步时不能将腿向前摆动的。但是能不能向后摆动又是另一回事儿了。

重要的是,你的腿可以在身后自由摆动,而下背部不会有夸张的拱起。让我们现在就来测试并解决这个问题吧。

髋关节灵活性测试

- 在门口单膝跪下,中背部靠住门框。跪着的那条腿的大腿骨要与地面保持垂直。另一条腿的胫骨也要与地面保持垂直。当保持这个姿势的时候,你的下背部和门框之间有一个小的缝隙。
- 现在卷尾骨向下使下背部和门框之间不再有缝隙。为了能做到这一点,可以将你的骨盆想象成一碗谷物,而你试图把它洒在你身后。我们通常将这个运动称为骨盆倾斜运动。一旦你做到了这个姿势,你的感觉如何呢?

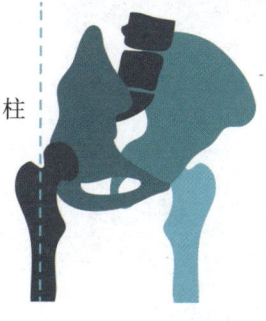

自然状态下的脊柱和骨盆

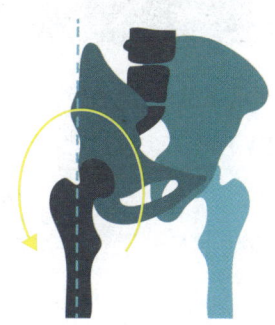

骨盆倾斜

如果你感到大腿前侧有剧烈的拉伸感	请将跪姿的髋部屈肌纳入到你的每周日常练习中去。
如果你没什么感觉或是只感觉有一点轻微的拉伸	则没有必要去做屈肌的静态拉伸了。跑步重塑计划会通过大量的动态运动来保证你正常所需的髋部运动练习。

姿势矫正

跪姿的髋关节屈肌拉伸
(KNEELING HIP FLEXOR STRETCH)

- 跪在一块垫板或枕头上，确保下跪腿的大腿与地面保持垂直。
- 卷尾骨向下（请参看49页的髋关节灵活性测试处关于骨盆后倾的介绍）。保持这个位置3分钟。
- 为了能进一步拉伸，向骨盆后倾之前，先将下跪腿的那侧脚向外移几英寸（这能让你的大腿骨向内旋）。

脚踝灵活性测试

- 脱掉鞋面朝墙站好，将一只脚的大脚趾正抵住墙，然后弯曲脚踝直到膝关节碰到墙。
- 如果你能将膝关节碰墙而脚后跟没有抬离地面，那么你的脚踝功能是完好的（请测试双脚脚踝）。现在我们需要确保你在完成后续的下蹲练习时没有问题。下蹲需要脚踝能在更大范围内运动，如果脚踝不能充分活动，你将不得不动用到脊柱的力量。
- 在离墙5厘米的地板上画一条线。现在将你的大脚趾抵在这条线上，再去用膝关节碰墙。
- 如果你能够做到这个动作而不用抬起脚跟，你就通过了这个测试。如果做不到，那让我们来检查一下是什么问题造成的。请确保测试双脚脚踝。

如果你两个测试都没有通过（脚趾碰墙的和离墙5厘米的），请做以下练习来纠正身体的问题。

如果感觉脚踝前侧僵紧	请做踝带灵活性练习，见52页。
如果感觉脚踝后侧僵紧	请做卷饼式小腿拉伸，见53页。
如果能碰到墙，但小腿僵紧	请做小腿松解练习，见53页。

姿势矫正

踝带灵活性练习（ANKLE BELT MOBILITY）

- 先将训练带套在一个结实的地方，然后将一只脚放在带圈内。转动身后的连接点让训练带滑落在你脚踝处。
- 脚向前移拉紧训练带不要有任何松动，勒住脚踝前侧的关节上方。
- 保持脚掌踩平，移动胫骨向前，让训练带使得踝关节前侧向后滑动，保持向后拉紧1~2秒钟，然后放松。
- 将这个动作做20次。如果两侧都僵紧的话，交换腿做。

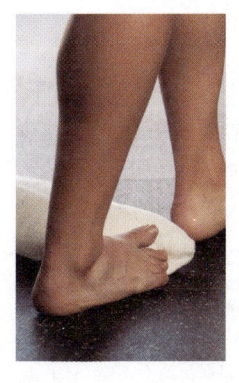

卷饼式小腿拉伸 (BURRITO CALF STRETCH)

- 站在卷起的毛巾（像玉米卷饼一样将毛巾卷起）上，大脚趾放在毛巾卷上，然后小脚趾垂至毛巾卷下。
- 屈膝向前，保持脚跟放平踩向地面。保持拉伸3分钟，你会感觉到小腿后侧的拉伸感。

小腿松解练习 (CALF SMASH)

- 坐在地板上，在一侧小腿下放一个泡沫轴，另一条腿交叉放在这条腿上面。手放在臀部后方，用双手和小腿撑起身体。
- 在泡沫轴上来回滚动小腿，并找到僵紧点，按压，屈伸踝关节，以更好地释放压力。
- 每周选几天做这个动作，每次2分钟，直至小腿感觉柔软。

姿势矫正

新姿势，新跑步方式

能够感觉到自己的脊柱中立位是很重要的。一旦你知道站直是什么感觉了，你就能在站立、行走、锻炼甚至跑步时都用这种最佳的姿势了。更好的姿势能够帮助你的身体在做所有运动时都保持最佳状态。

记住，每个人的颈部、中背部和下背部都有一个自然的弧度。这个弧度能够吸收身体受到的冲击力。如果伞兵在着陆时脊柱是直的，理论上他们的脊柱有很大可能会在遭受地面冲击时骨折。用不良的姿势跑步不会让你的后背骨折，但是我们都知道在脊柱有正常的弧度时，可以吸收部分冲击力，跑步时的感觉将更好一些。每个人的骨骼结构都不同，但是我们可以通过感觉来找到你个人特有的平衡体态。

身体姿势测试

这个测试很简单：双脚与肩同宽站直，放松身体保持自然状态，试着感觉一下，你身体的哪个部分承重呢？（是的，你确实需要去做一下这个测试。）

如果你的重量压在脚掌中部	太好了！这是做任何运动的最佳体态。这是你的脊柱在中立位的姿势。
如果你的重量压在后脚跟	将一只手放在皮带扣的位置，另一只手放在胸骨处。保持下面的手不动，腹部静止，轻微的将肋骨向下向前直至你能够感觉到你的重心从脚后跟移到了脚掌中部。确定要从胸腔处做起，不要从颈部开始。现在保持这个姿势，然后让手臂下垂至身体两侧。旋转手掌向前，这个动作可以帮助你的肩峰沿着后背的方向向下。现在保持肩峰向后，然后放松你的手臂。
如果你的重量压在你的前脚掌	你的身体可能从脚踝处前倾得比较严重，也可能是从下背部前倾的。拉伸臀部微微向后，找向脚的方向，然后看看感觉如何。如果这样能将重量转移到脚掌中部，那么非常好。如果转移到了脚跟处，请做上面脚跟部的练习。

一旦你找到脊柱中立位位置，单腿站立再换另一条腿。在脑海中记下这个姿势的感觉，然后每天每次跑步都重复这个姿势，直到它进入你的肌肉记忆。

许多跑步者（或教练）都认为下背部拱起是不好的，所以他们都试图将腹部上提回收来纠正这种姿势，以为这样可以让尾骨卷起。但是这样做是没有用的，有两个原因：首先，这样会让最重要的肌肉起不到正确的作用。脊柱深层的肌肉就像是让你的"罐子"能稳住的"罐壁"一样。如果你收起你的尾骨，你不经意间最终会使用弯曲脊柱的肌肉（腹直肌，也就是6块腹肌）来移动尾骨。这样你的"罐壁"就不再稳定了，最终你的"罐子"也就要瘪了。这样一来你的6块腹肌也就只是用来秀的了，没什么用了。

更糟的是，卷起的尾骨影响了你身体运动的幅度。试着卷起尾骨后迈步，你会发现你几乎动不了了。卷尾骨向下这个动作几乎让你的整个臀部都无法再动了。知道这样不行，你就永远不会再用这个方法了。在跑步者有突出的腰椎曲线的情况下，我们的矫正发生在骨盆上方。

当你第一次做这个姿势测试并且矫正为足中部承重的时候，你可能会感觉你在和自己作斗争。如果你是这种情况，你身体上面或下面可能灵活性和稳定性都不太好，这会破坏身体理想的平衡体态。在你做其他事之前，我强烈推荐你先解决这两个问题。要切实去改变目前的状态，如果你有这样的问题，你就要用上文我们提到的方法去矫正它们，不然你的身体会限制你的运动。当身体灵活性问题被矫正之后，你才可以通过练习继续进步，你的状态也才能够更正常。

建立一个稳固的基础能积极地影响你背部的负荷、平衡和身体的压力问题，最终你的跑步能事半功倍。重复正确的运动来建立良好的习惯，你的姿势就能反映你的习惯。不跑步时，你保持良好姿势的时间越多，跑步时一直维持正确姿势就会越容易。每次锻炼之前花一点时间去找到正确的姿势，使你的运动方式最优化，然后事半功倍。

核心稳定性也曾是健身的致命伤。你可以在内特的解剖学教科书中发现，核心不是一个单独的部分。如果你只做仰卧起坐是不可能强壮的。确切地说，核心是身体的各个部分一起构成稳定的基础，这样肌肉才能在此基础上起到应有的作用。你的关节感受位置，你的肌肉建立紧张感，神经系统经过训练去协调动作从而形成你在跑步时独一无二的行为。

这条反馈回路不是单独作用于你的腹壁的，而是你牵动的各个部位在一起起作用。事实上，每个关节都有一个核心，都有一套自己的系统去稳定和移动肌肉。在让你动起来之前，我们要确保你的每个关节都有一个稳定的基础。

现在让我们来计划一下如何解决让你姿势僵紧不正确的问题，然后试着找到和感知你的脊柱中立位。我们需要告诉身体如何将身体的上下部整合稳定在一起。我们要确保你的髋关节和肩关节能正确受力而不会像"易拉罐"那样塌陷。因为跑步需要的是动态的稳定性，而不是静态的稳定性。在精确运动的练习中是没有静力肌肉锻炼和平板锻炼的，我们是通过运动来学习的。所以让我们运动起来并运动得更好吧！

▷ 姿势塑造

悬吊斜上拉(SLING ROW)

- 直立抓住悬索训练带,将其拉到与胸同高的位置,确保你的身体对称伸直,肘部也要完全伸展开。
- 双手向胸部内侧拉紧,两肩向中间收拢,保持脖颈放松。
- 将这套动作重复10次3组。

小贴士

如果没有悬索训练带,一根吊索或船带也是不错的选择。

姿势塑造

悬吊前伸(REACH OUT)

- 双膝跪地，抓住悬索训练带，保持肩部向下向后，向前伸入绳圈。
- 伸双手尽可能向上举过头顶，不要耸肩，保持肩峰与肋骨平齐。
- 保持脊柱稳定，如果感觉臀部翘起或是下背部拱起，请不要再向远处伸展双手，请调整姿势。
- 请做10次，3组。

小贴士

如果希望这个练习更容易，请调高悬索以便能让身体的角度在完全伸展的情况下可以稍高一些。如果希望这个练习更难一些，请放低悬索，让身体在完全伸展的情况下可以更低一些。

后抬腿练习(DONKEY TOES)

- 四肢着地,拇指向前,其余四指向外打开。用双手和脚趾撑地,保持手臂和大腿与地面垂直(像一个人形咖啡桌一样)。
- 保持脊柱稳定,抬一条腿指向天花板,膝关节屈曲90°。
- 回到初始姿势,换另一条腿重复做这个动作。
- 连续交替做这组动作2分钟。

小贴士

如果你需要循序渐进地进行,可以分解成4组来做,每组30秒。

熊式爬(BEAR WALK)

- 再一次，以四肢着地开始，双手和脚趾撑地。
- 保持后背放平，就像一个咖啡桌一样，然后用对侧的手脚前行（如：右手配左脚）。
- 向前走30步，向后走30步。

6

反向旋转的秘密

当我们向前跑时会面临很大的挑战，因为我们需要从三个维度来控制身体：前后、左右和扭转。在跑步这项运动中，扭转力是不太被提及的，但却是很重要的。有一种古老的玩具，叫做拨浪鼓，会解释这是什么原理。

当你拿着一个拨浪鼓左右均衡地晃动时，鼓两侧的珠子会摆动并完全同步地敲打两侧的鼓面。但是如果鼓的把手弯一点，然后转动它，这时珠子就不能同步去敲打两侧的鼓面，敲击的过程不能正常进行了。有一个环节出了问题，所以整个过程都出问题了。

这个例子可以让我们理解什么叫做"自由运动"。当你向前跑时，有一个扭转的力量会贯穿你的全身。当你的脚落地时，这个扭转力会帮助你的躯干和双腿内旋。在理想的状态下，通过身体对侧的反向旋转能够实现身体的平衡，再加上一些肌肉的助力，就可以让身体再一次回正了。根据牛顿第三定律，当两个物体互相作用时，彼此施加于对方的力，其大小相等、方向相反。

反向旋转能够帮助身体在向前跑时保持一个相对稳定的过程。但是有时候拨浪鼓也无法很顺利地敲响。这可能是由于你僵紧的脚不能适应地面，或是因为你的脊柱不能很好地配合你的身体旋转。最后身体受限，无法扭转。当身体无法扭转时，我们的两侧就会受力，这会导致身体要承受相当于体重10%~15%的力，相当于正常负荷的2~3倍。这样不稳定的状态使得跑步比正常状态时要困难很多，而且在很大程度上会导致由于身体不稳定而造成的全身伤害。我们不应该让这样的事情发生。

让我们来确保每个关节都有必要的扭转空间和稳定性控制身体吧。这样能够让你不用在向前跑时腿向两边撇太多。我们特别要保证你能：

1. 扭转脊柱
2. 控制髋部
3. 调整足部

▷ 脊柱扭转

通过脊柱实现的转向控制是让核心肌肉有序排列的好方法。这些肌肉不必很强壮，但是要能按照我们的意愿运动。当跑步者被告知要去转动脊柱时，绝大部分肌肉会移动脊柱形成侧弯。如果你无法让自己的肌肉听指挥去扭转身体，你的身体将永远无法在跑步时找到正确的扭转姿势。让跑步者去做仰卧起坐和平板运动无法帮助他们解决这个问题。只有通过有目标的扭转才能让你的核心和身体其余部分形成合作关系，而不是各自为政。这样才能让你的脊柱更稳定，椎间盘和关节都保持健康的状态，从而减少受伤的风险。

图6.1 跑步时的扭转
反向旋转能够帮助身体稳定，从而更高效地跑步。

战士式扭转(TWISTED WARRIOR)

- 以站姿开始,一条腿跨出一大步,两手放在前脚的内侧,后腿伸直。
- 将外侧手抬离地面,扭转上身,将手臂指向天花板。要扭转整个上身,而不要只转动手臂和头。保持一会儿。
- 身体不动,手放回地面,然后换另一只手再做一次。
- 总共扭转10次(每侧5次),然后换另一条腿重复以上过程。

小贴士

想象自己胸的位置有一个照相机,你要扭转这个相机向左或是向右,让相机可以拍到身体两侧的人。你只扭转胳膊是无法拍到照片的。

脊柱扭转

药球扭转(MEDBALL TWIST)

- 后背躺平，膝关节屈曲90°。
- 双手拿一个5～15磅的药球，移动球时保持下肢尽量静止不动，头和躯干转向同一侧。
- 继续将球从一侧移动至另一侧，让头部放松躺在地板上，两只手臂要尽量伸直。
- 每侧做40次，两侧共80次。

瑞士球桥式扭转(BALL BRIDGE TWIST)

- 躺在一个瑞士球上,让头部和肩关节靠在球上,膝关节与身体呈90°,双脚与肩同宽放在地上。让身体肩、髋和膝关节形成桥式。
- 抬起手臂指向天花板,双手指交叉紧握。
- 向一侧滚动你的手臂、躯干和头,然后换另一边。

小贴士

保持背部放松,臀肌用力保持脊柱高位。

如果感觉背部紧张,请将臀部微微下落。从一侧向另一侧交替滚动,做2分钟。

脊柱扭转

瑞士球大象式扭转(SWISS BALL TUCK TWIST)

- 双手呈俯卧撑姿势（拇指向前，其余手指分开），小腿放在瑞士球上保持平衡。
- 让双腿保持在身体下侧以便于臀部能抬向天花板。保持这个姿势，扭动身体让球滚动，在可控范围内从左到右做到最大限度。
- 滚动30秒，休息30秒，做3组。

小贴士

整个滚动过程中，保持你的髋关节和膝关节呈90°屈曲，就好像你正坐在一把椅子上。

脊柱扭转

臀部疾走练习(BUTT SCOOTS)

- 坐在地板上，腿伸直，身体与腿尽量保持90°垂直，这样下背部和盆骨才不会拱起。
- 将两手交叉握住，往前伸，推肩部向下远离自己的耳朵。
- 保持上背部不动，一侧臀部离地向前扭转，带动腿也向前移动。然后再扭动另一侧臀腿向前。
- 向前挪动10次（每侧5次），然后再向后10次，共做3组。

小贴士

想象你在尽可能地通过扭转髋关节拉长腿，你在用坐骨走路，而没有用脚。

脊柱扭转

超级瑞士球侧平板式(SUPER SWISS SIDE PLANK)

- 侧躺，将一个瑞士球放在两脚之间。
- 用手肘撑起身体，带动肩峰沿胸腔向后向下帮助撑起身体。
- 抬起臀部让上身与地板保持平行，然后回到起始位置。
- 每侧做25次。

小贴士

这个动作的难点：在不将身体扭向地板的前提下保持这种间歇性的侧平板运动。

穿针式平板支撑(THREAD THE NEEDLE PLANK)

- 将一根弹力带固定在离脚几英寸的一个点上。手臂伸直做一个平板支撑，让弹力带与身体垂直。双脚打开，比肩微宽。
- 用靠近弹力带的手臂支撑上身，用另一只手从胸下方穿过去抓弹力带。
- 然后脊柱不动进入到一个平板支撑姿势，双肩沿肋骨向后挤压，将手臂向外侧伸直直到弹力带与地面平行拉直。
- 让弹力带回到原点，然后重复这个动作。
- 每侧做20次。

小贴士

只需要扭转上半身，下半身保持不动。

脊柱扭转

训练带手臂伸直下蹲(LONG ARM BAND SQUAT)

- 将一根训练带固定在与胸和腰中间位置平齐的一点上。和训练带保持垂直站立，站的位置要能将训练带拉紧。
- 双脚比髋微宽，两只手套住训练带，双肩外侧向前伸，训练带产生的拉力能够帮助你向内扭转身体。
- 当你蹲下时，用扭转的方式来对抗训练带保持你的上下身体方正。
- 每侧做20次。

小贴士

如果你的膝关节太向前或是拱背了，请在身后放一把椅子，下蹲至能碰到椅子的位置。

离训练带固定端近些可以减小负荷，离得远些可以增加负荷。

悬挂式脊柱扭转(HANG SPINE TWIST)

- 手臂放松挂在一个单杠上，屈髋和膝向上，好像自己正坐在一把椅子上。
- 保持肚脐不动做侧弯，右髋找向右肩，然后左髋找向左肩。身体尽量不晃动。
- 每侧做25次，共做50次。

髋部控制练习

▷ **髋部控制练习**

诚然,髋部肌肉会驱动身体向前,但是它们也会在控制腿防止身体受伤方面起到很大作用。这个扭转的姿势不仅能影响髋部,还能够帮助控制膝关节和脚的位置。有人认为练出臀大肌是最值得投资的。

彩虹式臀肌练习 (GLUTE RAINBOW)

- 以四肢着地式起,大拇指朝前,其余手指朝两侧,想象胸口挂着一个铅锤,在这个动作的开始要保持铅锤静止不动。
- 抬左腿向后,大腿与身体平行,膝关节弯曲成90°,脚底指向天花板。
- 保持大腿正好与骨盆在同一水平面上,向外扭动髋关节,使内侧脚指向内,形成彩虹式运动。
- 保持脊柱稳定,扭转腿向外,完成这个动作。
- 每侧做10次。

小贴士

下背部不要拱起或移动,只动髋关节。

髋部系带扭转(BANDED HIP TWIST)

- 将训练带固定在与腰平齐的位置，拉平带子站立，将带子绕在骨盆上，确保其正好位于腰的下侧。
- 手扶髋，稍用力拉住训练带。
- 用训练带尾端那一侧的腿站立（如果带子是从右侧开始绕的，就用左腿站立），保持髋关节水平位置，向内和外旋转骨盆。
- 每侧做40次。

小贴士

离训练带固定端近些可以减小负荷，远些可以增加负荷。

站立式髋关节画圈练习(STANDING HIP CIRCLES)

- 双手扶髋，抬起一侧膝关节至大腿与地板平行。膝关节在身前屈曲90°。
- 将腿向外侧打开。
- 将膝关节保持在相同的位置，脚向后扭转，保持骨盆水平。

- 将腿向后伸直，脚底指向身后。
- 带动髋关节回正，脚落下，放在地板上。这是一组动作，这组动作的每个部分都应该做到细致，能控制。
- 每侧做5次，左右交替进行。

小贴士

注意手在臀部的位置，保持后背不动。

髋部控制练习

反向旋转的秘密 | 75

烤鸡式扭转(ROTISSERIE CHICKEN)

- 仰卧，将一只腿放在悬索带上，让带子刚好卡在膝关节下侧。伸另一条腿去靠近悬挂的腿。抬臀成桥式，向上伸出双臂，双手在胸上方合拢。
- 悬索内的腿要保持膝盖指向天花板，并旋转你的骨盆远离一个虚拟的轴线，就好像你在一根烤肉扦上。
- 将身体转回初始位置。每侧髋关节都应该充分内旋、外旋——背部不动，双手保持在身体上方伸展。
- 每侧做两组，每组8次。

小贴士

注意两侧扭转要平均。

如果感觉后背部僵紧，胸骨微微下沉直至僵紧消失。

▷ **足部调整**

你的脚不是砖,而是有扭转和适应能力的弹簧,可以帮助你的身体保持稳定。为了能发挥出它们应有的功能,你的前脚掌和后脚跟要有良好的灵活性,而且它们中间部分的运动能力应该能被脚内部的肌肉很好地控制住。如果你想要改善身体的平衡,第一件事就是要在地上转动大脚趾,而不是用后脚跟运动。

足部灵活性测试

- 单脚站立,闭上眼睛,你会怎么样呢?你会向哪边倒呢?这种情况下有一点摇晃是正常的,你身体的重量应该自内而外、均匀地压在前脚掌上。

- 现在换另一只脚站立。因为两只脚是不一样的,所以如果它们保持平衡的方式不一样也不用奇怪。

如果你注意到自己会向脚外侧的方向倒	可能你有前足内翻的问题。这主要是由足底筋膜横束僵紧,将大脚趾向上拉离地面造成的。如果是这种情况,接下来的前足内翻灵活性练习将缓解你的僵紧,从而缓解大脚趾不能接触地面的问题。
如果你注意到站立时脚受力均匀	你不需要去做这个矫正运动。
如果你摇晃得特别厉害	你不需要去做这个矫正运动。我们通过后面章节的脚趾瑜伽和单腿练习来改善你脚的配合问题。

反向旋转的秘密

足部调整练习

步骤 1: 让你的大脚趾可以贴合地面

前足内翻灵活性练习(FORFOOT VARUS MOBILITY)

- 将一个曲棍球放在第4和第5跖骨（就在脚趾球后面）的下面，后脚跟接触地面。转两脚脚趾抓地，膝关节微屈。
- 双手扶髋，向左向右转动骨盆和躯干90秒。脚下的球不要移动，将注意力放在身体的扭转上。

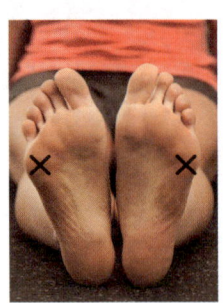

如果你在做脚灵活性测试时向外倒，那么你做前足内翻灵活性练习之后，脚的这个区域会感到十分酸痛。虽然这种酸痛感是可以接受的，但是练习后要放松脚。在你把球拿开，单腿站立时，你会注意到不可思议的改变。这只脚从内到外都会感觉到更平了，用大脚趾去控制平衡也更容易了。

练习2～3周后，跖腱膜将不再拧着了，你的脚会更平，不适感会更轻。一旦你感觉到这种变化，你就不再需要矫正了。单腿站立，做一个简单的自我检测，去跑一个步，或是做一个跑步重塑练习，如果你感觉脚更平了，就没问题了。但是如果你感觉重心向外移了，就先做这个矫正练习。

足部调整练习

步骤2: 控制大脚趾独立于其他脚趾

一旦你的大脚趾可以放平在地面上了，就是时候改善前后脚掌之间负责配合协调的肌肉了。跑步者脚过度内翻的主要原因和脚的形状是没有什么关系的（不管是脚背高还是脚背低），它只和你如何控制有关。

正常情况下，大脚趾会给脚提供85%的稳定性。如果你不能控制大脚趾，这一般是前脚掌的问题。当前脚掌有问题时，后脚掌因不能支撑就会塌陷，从而造成过度旋前。这是造成跟腱、跖腱膜、跖骨、胫骨和几乎所有脚和腿下侧疼痛的主要原因。前脚掌是在跑步时保持脚和腿下侧协调的关键所在。

足部控制性测试

- 双脚站立，但是一次只关注一只脚。抬起大脚趾，其余脚趾平放在地面上，然后让大脚趾下压（不要弯脚趾），抬起其他脚趾。

- 当你让大脚趾下压时，足部会微微拱起，要保证你在下压大脚趾时足弓和脚踝不要塌陷进行代偿。

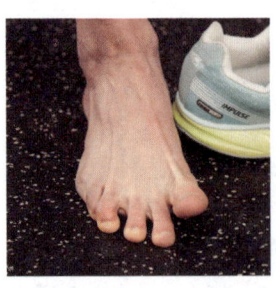 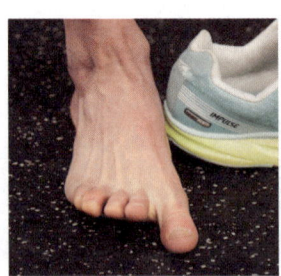 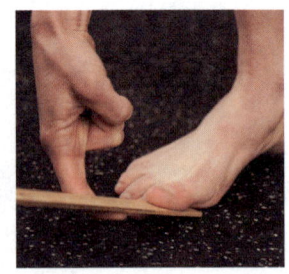

如果你不能正确地完成这个测试，练习我教给你的脚趾瑜伽，作为矫正练习。

如果你发现是通过塌陷足弓让大脚趾下压 >	请把鞋跟垂直放在内踝处提供视觉参照确保移动大脚趾时没有改变足和踝的位置进行代偿。练习这个动作，直到你可以做到为止。
如果你无法抬起大脚趾 >	我们需要先处理控制力的问题。在大脚趾下放一把尺子，让尺子的一端在踇趾球的下方，抬起尺子让踇趾抬起向上。拿住尺子的另一端增加一点阻力，踇趾直接向下推，隔离踇趾周围的肌肉。想象一下你是从地板处发力来推大脚趾和尺子的。如果你看见大脚趾趾间关节弯曲了，那么你动用了胫骨处的肌肉代偿完成了这个动作。刻意练习能够帮你建立大脚趾的特殊控制力，从而改善平衡力和足部的控制力。

足部调整练习

这个运动可以建立脚部的三个支点，让脚部获得更好的控制力。你了解到如何在脚趾球部内外侧和大脚趾处分散压力，从而使前脚掌更加稳定。当你注意到有一条腿不够稳定时，通常注意力会集中在摆动上，这会导致挫折感和身体的进一步不稳定。相反，如果关注如何去解决问题，建立这种三角式的支撑，你能够为跑步和跑步重塑计划中所有单腿练习打下一个更好的基础。

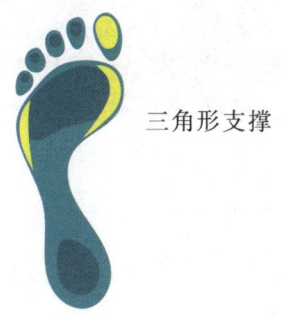

三角形支撑

足部调整练习

步骤3：当向外转动髋关节时，向下转动双脚

许多跑步者都知道要用大脚趾，因此他们使脚向内塌陷，然后导致膝关节和髋关节也随之塌陷。还有一些跑步者被告知要启动臀肌，这会让他们的脚外翻，从而在运动过程中不能和地面接触。这两种情况都是有问题的。我们的目标是让大脚趾触地来支撑脚同时启动髋关节外旋肌。

泡沫轴练习(FOAM ROLLER DRILL)

- 将一个泡沫轴夹在小腿之间站立。用力挤压以便你的大脚趾能接触地面，还能让大脚趾在向地板处下压时有力。
- 现在两手放在臀部，臀肌用力收缩。在先向外然后向内转动髋关节时感觉臀肌收缩，做这个动作时，大脚趾要压地并保持给泡沫轴一个向内的力。
- 练习1~2分钟，直到你可以运动自如。

小贴士

这个感觉可能很奇怪，但是这种扭转能够让你的足和髋部建立联系，从而在跑步时让你的双腿能伸直并且左右对称。一旦练好了这个动作，你可以将其运用到更复杂的运动中去。

单腿肩上举练习(SINGLE-LEG SHOULDER PRESS)

- 单腿站立，对侧的手拿一个相对较轻的哑铃（8~10磅）。
- 调整身体，跚趾下压并与脚趾球的内外建立前脚掌的三角支撑区，然后伸直大脚趾的末端。
- 将哑铃举过头顶再收回来。外加的重量能够让控制前脚掌变得更不稳定。
- 当你的手臂举过头顶时，保持哑铃在脚中部的正上方，这样可以避免身体向后倾斜。
- 每侧做15次。

小贴士

如果你没有哑铃，可以用一瓶矿泉水或一瓶牛奶代替。

如果手臂举过头顶时，你的下背部拱起了，试着将肋骨下沉以保持脊柱的中位。

倾斜扭转 (TIPPY TWIST)

- 双手放在髋部，单腿站立保持平衡，通过控制前脚掌获得稳定的三角支撑。
- 身体向前弯时，保持脊柱中立位，两侧髋部水平，没有支撑的后腿向后伸展。
- 转动髋部向内向下指向地板，然后向外向上指向天花板。以髋为轴转动时，身体重心在脚中部保持平衡。

- 回到髋关节水平位置，然后骨盆向前将身体回到起始位置。这时一个完整的动作完成。
- 每侧足练习2组，每组10次。

小贴士

如果脚晃动，将注意力集中在大脚趾的三角支撑上。

你知道通过正确的练习才能获得平衡力。所以用良好的控制力让髋部小范围地扭转比为了让髋部转动更多而失去控制要好得多。

足部调整练习

反向旋转的秘密 | 85

足部调整练习

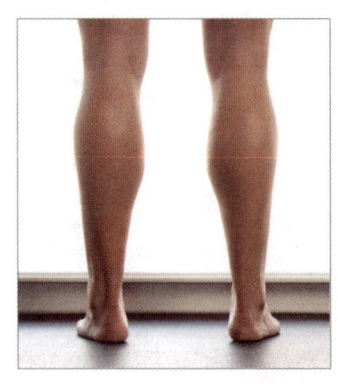 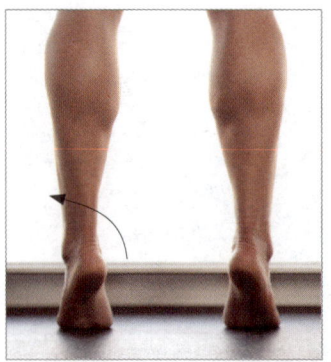 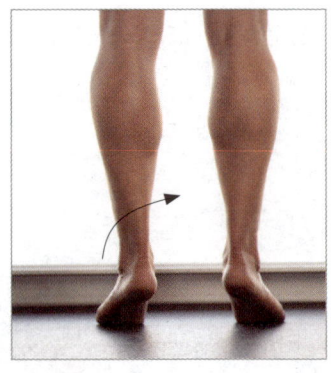

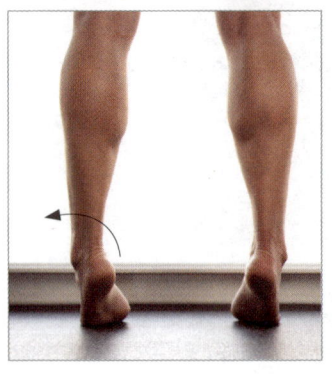 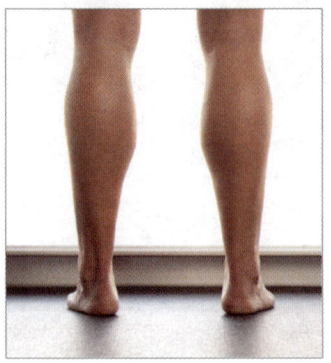

脚部转动练习(FOOT SCREWS)

- 双脚站立，双脚的前脚掌通过三角支撑保持均匀受力。
- 在保持大脚趾着地的前提下，轻微向外转动脚跟，然后将脚跟抬起1英寸左右。
- 用脚趾站立，让后脚跟向内扭转。
- 将大脚趾压向地板，向上将脚背拱起，将脚跟扭到外侧位置。
- 脚回落到地上并放松。这就是一整套动作。注意动作的细节，并且控制好每一个动作。
- 做20次。

小贴士

这不是一个平衡练习，所以你可以扶住一个固定的物体，让动作更好控制，更稳定。

这个练习的目标是在保持大脚趾触地的情况下，最大限度地进行前后脚掌之间的扭转，而不是将小腿抬到最高的位置。

这章的练习要着重关注精确运动。旋转控制可能并不是你练习的目标，但是这是改善你跑步的一个关键。这些运动能够帮助你改善脊柱、髋部和双足肌肉内部的控制力，从而改善全身肌肉的内部控制力。有一句老话是这么说的：整体大于各部分之和。刻意练习将会建立你安全运动所需的技能，所以请花时间来做这些练习吧。带着目标去运动，建立一个稳定的基础去满足跑步中对于扭转的需求吧！

7

强化出更好驱动力

当你跑步时，特别是加速时，更多的动力是来自伸髋肌肉。但是可能多年的大跨步跑已经让你形成了一种肌肉记忆，使得你更喜欢用股四头肌而不是用臀肌去驱动身体向前跑。简单来说，这是典型的大腿有力而臀部无力的跑步者。

大多数跑步者都喜欢大跨步跑。我在过去 10 年间收集的实验数据会向你揭示为什么会发生这样的现象。原因是这样的，绝大多数跑步者不知道如何全面利用身体后面肌肉。如果能够控制肌肉保持身体平衡，那么跑起来会容易得多。但是事实上大多数人的身体是不平衡的，而且不单是在跑步时是不平衡的。一位肌肉疗法的先驱范德梅尔·扬达医生创造出一个术语：下交叉综合征（图 7.1）。他将这种症状描述为髋部屈肌、股四头肌和下背部肌肉僵紧和过度使用导致的不平衡，而且身体的深部核心肌和臀大肌都处于沉睡状态。

对于改善关节健康和运动表现是至关重要的。

过度依赖股四头肌的问题

过度依赖股四头肌会造成三大问题。首先，会损伤膝关节。几乎每项关于跑步运动损伤的研究都表明，髌骨疼痛居于跑步者三大疼痛不适之首。你的髌骨或是膝关节基本上相当于你股四头肌的一个滑轮装置。当你大跨步跑时，膝关节部位的扭矩或是机械负荷就会增加，股四头肌就要更加用力，膝关节则会承受更大的压力。长久来看，这是不利于下面软骨的健康。改变肌肉控制力可以减少膝关节的压力。

其次，对于股四头肌我们可能有一些行为暗示导致的偏见。股四头肌有更大比例的快肌纤维，因此在既定的跑步速度下，你的股四头肌将以接近峰值的方式运转，所以很快就进入疲劳或是酸痛的状态。当肌肉酸痛时，pH值就会下降，肌肉既不能很好收缩也不能很好放松，所以你就不得不停下来了。由于臀肌有慢肌纤维组织，会产生更少的肌酸，使得身体在产生大量废物之前坚持更长的时间。这就意味着你能够跑得更快更久一点，而不至于让身体崩溃。

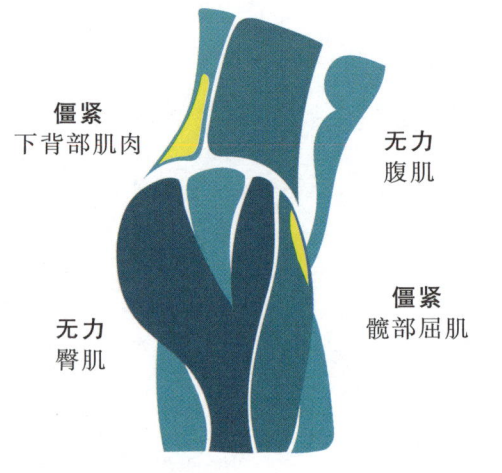

图7.1 下交叉综合征
大多数人的活动是受下背部肌肉、股四头肌和髋部屈肌控制的。我们需要最大程度募集和利用对角线上的核心肌群和臀大肌。

记住抑制髋关节肌肉的最好方法就是姿势卷曲。这样一来你的髋关节组织就会僵紧。如果肌肉是僵紧的，你的髋关节就无法伸展，两侧骨盆也就无法打开了。这种不平衡不仅仅是跑步的问题，还是一个身体问题。如果不去解决这个身体问题，就无法纠正步态。有大约80%的跑步者都需要做大量的髋部屈肌拉伸运动来解决这个问题。

你的股四头肌是大肌肉块，能够产生巨大的力量。你无论采用哪种方式跑步，都需要股四头肌作好准备。但是肌肉不是单独起作用的，我们绝对不会想在跑步时只用股四头肌。为了运动和跑步去改变优势肌肉的控制力最后，你的股四头肌根本无法配合身体各部分去控制臀肌的运动。让我们仔细来分析一下吧！

到底臀部能起什么作用

当臀肌有力时，有三个有助于你跑步的好处。首先，臀肌有力能够让你的运动更有力，不易疲劳，且有助于髋关节伸展。所谓伸肌，是能够带动你的髋关节从前向后运动的肌肉。而你的股四头肌的作用正好相反，它的作用是作为屈肌去让髋关节从后向前运动。因为我们向前跑时，这些伸肌会产生推力使得我们身体越过支撑腿向前，这些位于身体后部的肌肉不能像身体前侧的肌肉那样去让我们运动。臀肌不是单独发力来让髋关节运动的，腘绳肌也在起作用。但是当臀肌和腘绳肌发力要让髋关节动起来时，臀肌的构造能让它提供两种关键的稳定元素，但是腘绳肌却做不到。

臀大肌是髋关节主要的外旋肌。人们经常给我看他们跑步时膝关节内扣的照片，这个问题主要是由于臀中肌薄弱造成的。理论上，臀中肌在臀部的外侧向外用力去防止膝关节内扣。但是如果让你把时间浪费在这小块、力量更弱的肌肉上显然是过于简单了。

最近的一项研究着眼于评估臀中肌的作用，测量了膝关节在走路和跑步时的运动轨迹。研究者们将激活臀中肌的神经麻醉后，使它完全无法启动。之后让他们去走路和跑步，本以为能看到膝关节严重内扣，但是事实上并没有发生这样的状况。这是因为肌肉不是单独起作用的。我们整个身体是作为一个整体来运动的。你在照片上看到的二维的膝关节塌陷内扣并不是真实的。

我在实验室中测量了髋关节冠状面运动（从里到外的运动）和旋转膝关节平面运动（扭转）。当一个跑步者的膝关节内扣时，从冠状平面运动中我并没有看到太大不同。但在旋转平面运动时差别还是很明显的。因此二维运动的问题更像是一个三维运动的问题。让臀大肌有力而获得更好的旋转控制力会帮助你的腿防止内扣，保持其正确运动轨迹。

最后，你有力的臀大肌也能在体态的控制上起到很大的作用。在第五章我们用了罐子的比喻去理解体态的问题是如何形成的。臀大肌被锚定在这个罐子的底部，并附在臀部以下。如果启动正确的话，还能用上拉力帮助你的"罐子"立直。如果臀大肌无力，整个身体就会向前塌，一旦"罐子"开始向前倒，就全塌了。身体的过度前倾迫使你不得不大跨步地跑,从而使身体承受更大的负载率,每跑一步,身体也就会承受更大的压力。不要认为这种情况只会发生在超重或超大的跑步者身上。在我的实验室中,我见过的身体负载率最高的人不是体重 280 磅(约 127 公斤)的壮得像种马一样的运动员,而是体重只有 88 磅(约 40 公斤),才 12 岁大的小女孩。她每跑一步都砸得地直响,整个上身前倾得厉害,使得她的脚不得不落在身体前侧很远的地方,每跑一步都产生巨大的压力。我们训练她启动臀肌,2 周后她的身体负载率下降了 70%。恢复到正常范围,她的疼痛消失了。所以臀肌非常重要。

更好的臀部 = 更好的姿势

我们需要消除下交叉综合征的症状,以一种全新的方式去启动身体。你需要一个稳定的核心去帮助你的臀大肌发力,然而你也可以看到薄弱的臀大肌是如何影响你的姿势和核心的(图 7.2)。这是一个经典的双环困境。这就是为什么我们不去训练肌肉而去训练运动模式来获得这个技能。你需要拥有这种运动模式。你需要去感觉能多大程度地运动

臀肌启动

臀肌被抑制

图7.2 臀部驱动和姿势
臀大肌有一个重要的作用就是能控制身体姿势方向。如果臀肌无力,就不能产生足够的力去保持身体直立,这样上身就会前倾,从而导致大跨步跑步。

姿势。你后背的位置能够在多大程度上影响臀部发力所需的肌肉呢？为了建立这种肌肉记忆，我们会用一些内部肌肉的指引去帮助你找到这些肌肉的位置，但是重要的一步是我们要将这些指引和内部肌肉很好地整合在一起。这不是孤立的动作，而是系统化的配合后产生的效应。记住你的新咒语：臀部发力，脊柱稳定。在你做这一章所有的练习和跑步时，请重复这条咒语！

最后，我们都知道柔韧性不等于灵活性，记住柔韧性是被动的，灵活性是主动的。因为你只是拉伸臀部屈髋肌不代表你能够将臀肌的开关打开，然后去改变步态从而开始用臀肌驱动运动。我们大多数人采取的用股四头肌主导的B计划运动模式已经在你多年的跑步生涯中被不停地强化了很久了。要想重新获得A计划的运动模式，我会教你新的方法。一旦你弄清楚了如何运用后部的肌肉，你将能少向前冲一点，重心后移一点。这就意味着你能够少把自己往回拉一点，而多把自己往前推一点。

所以，让我们开始来练习这种用臀肌驱动的运动模式吧！

▷ 稳定髋部练习

弹力带提臀(BANDED HIP JACKS)

- 将一条弹力带围两膝关节一圈绑好,另一条绑住两脚踝。
- 单腿站立保持身体中立姿势(脚掌中部均匀受力),确保大脚趾向下压地。手扶髋部,感觉骨盆的倾斜状况。
- 当用一条腿保持稳定时,将另一条腿向外向后打开45°。这个动作是持续发力的,不是静态保持的。骨盆不动,仅髋部尽可能地向远移动。当你感觉可以保持稳定时,可以将腿再向远处伸一点。这个动作保持30秒。

小贴士

想象你每侧肩上都有一满杯水,你要避免身体倾斜或是脊柱和骨盆倾斜,一滴水都不能洒出来。

- 换一条腿，重复做这个动作保持30秒。
- 保持弹力带不要移动，身体回到初始状态，两手放置身体两侧，开合跳10次。这就是一套完整的动作。
- 继续做3组以上动作：右腿稳定30秒，左腿稳定30秒，然后开合跳10次。

髋部稳定性练习

髋部稳定性练习

悬吊外展肌练习(SLING ABDUCTOR)

- 侧躺并将下侧腿放进悬索里,让悬索卡在膝关节下方的位置。双手十指交叉在身体前侧将手臂伸直。
- 向下压悬索,抬髋向上,同时保持脊柱稳定。用肩部做支点,保持躯干伸直。
- 每侧做10次,2组。

小贴士

要想降低难度,就将悬索向臀部方向移动一点;如果想增加难度,就将悬索向脚踝方向移动一点。

悬吊内收肌练习(SLING ADDUCTOR)

- 侧躺并将上侧腿放进悬索，双手十指交叉在身体前侧，将手臂伸直。
- 向下压悬索，抬髋向上，同时保持脊柱稳定。
- 每侧做10次，2组。

> **注意**
>
> 对于那些新开始力量训练的人来说，这对于纠正下蹲姿势是一项重要的练习。在运动之前尽量将这个练习做15次，确保建立自己的肌肉记忆，安全的运动并争取从训练中收获到最大的效果。

▷ **臀部驱动练习**

臀部鸽式伸展(PIGEON HIP EXTENSION)

- 进入鸽子式，将向后伸的那侧腿的膝盖放在地板上。
- 把前侧腿水平放在躯干下方，小腿放在地板上。用它来确保你不会靠背部来代偿，即使你的身体柔韧性很好，做这个动作时后背也没有必要降低。
- 骨盆不动，绷紧臀肌，将后侧的膝盖抬离地板，移动身体在髋部伸展。保持后脚放在地面上。当你将膝盖降低回到地板时，保持臀部收紧。
- 每侧做40次。

小贴士

收缩肌肉时将肌肉变短比较简单（将膝盖抬离地面），但是在收缩时将肌肉拉长是比较困难的（要将膝盖放低）。在做整个运动时，都应保持臀肌收缩。

青蛙桥式练习(FROG BRIDGE)

- 仰卧双腿弯曲，大约屈膝成90°，脚底合拢，膝关节向外打开。双手十指交叉，伸直手臂指向天花板。
- 抬起臀部，在不拱背的情况下尽可能地抬到最高，让臀大肌发力。
- 做50次。

臀部驱动练习

椅子辅助下蹲(CHAIR OF DEATH SQUAT)

- 双手抓住一根木棍使之沿着头、中背部和尾骨与地面垂直（棍子要保证脊柱中立位并以髋关节为转折点，而不是背部）。双脚离箱子或椅子2英寸（约5厘米）远站立。
- 保持棍子位置下蹲，确保身体不要脱离和棍子接触的关键点。
- 做20次。

小贴士

盒子或椅子会防止你的膝关节过度向前，还可以训练你的髋部向后的能力，这样可以激活臀肌，并保证股四头肌适合正确的髋部铰链运动。

髌骨压力释放

许多跑步者髌骨附近都有疼痛感,这是由连接的软组织(髂胫束、股四头肌肌腱和支持带将你的膝关节连接在一起)僵紧上拉,然后拉高了你的髌骨造成的。髌骨在这种情况下不在凹槽中滚动和滑动,而是在关节内转动,这样会导致过度的磨损和撕裂。通过矫正练习来改善髌骨上方组织的灵活性,让髌骨可以回到正常的位置。切一段旧山地车的气管子,做出一个长管。

- 向前屈膝10°,将管子的一端放在膝关节上方。
- 将管子绕大腿绑紧,慢慢顺着大腿向上缠完大腿的下半部。将管子的另一端塞进绑紧的部分,不要松动。
- 做20个完整深蹲,确保站起时完全伸直膝关节。

解开绑在膝关节上的管子,感觉一下。如果觉得有用,那么每次跑步之前请做这个矫正练习,坚持几周,让髌骨解除负荷。

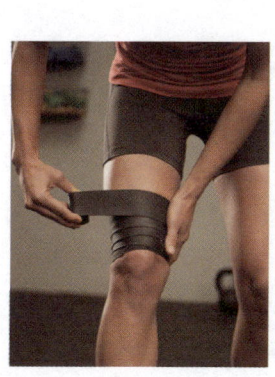  

强化出更好驱动力

臀部驱动练习

体操棍辅助的单腿硬拉
(SINGLE-LEG DEADLIFT WITH DOWEL)

- 单腿站立，垂直持棍贴背。
- 前弯，确保稳稳拿住棍子并抵住头、中背部和尾骨，迫使自己从髋部开始移动，而不是脊柱。抬起腿向后伸直，身体保持平衡。
- 当回到站立姿势时，推骨盆向前，帮助激活臀肌。
- 每侧做20次。

小贴士

通过脚趾球部平均分布压力来改善对姿势的控制。

运动时确保腰部不要拱起（会导致尾骨脱离棍子），后背不要拱起（会导致中背部远离尾骨）。

注意

这是一个重要的基础动作，在进行负重硬拉练习前需要掌握。

瑞士球弯腿向上挺身(SWISS CURLS)

- 仰卧，将一个瑞士球放在脚后跟下面，抬臀成桥式，保持脊柱伸直。
- 不要改变臀部的位置，在臀部挤压时屈膝。
- 身体抬到最高点时，鞋底踩在球上，大腿和躯干保持平行。不要让髋关节卷起。如果你感觉下背部有任何僵紧，微微将肋骨下沉。
- 做3组，每组10次。

臀部驱动练习

跪式训练带硬拉(KNEELING BANDED DEADLIFT)

- 将一根训练带安全固定好,在离地面几英寸的地方,将带子套在身上,背对固定点。
- 将训练带放在腰上,跪在一块垫子上,跪的位置要足够远,以便于你有强烈的感觉,感到髋部在被拉向固定点方向。
- 先在训练带作用下屈髋身体前倾,臀部向足跟方向后坐,然后髋部推动训练带向前直到髋关节伸展。不要拱背。
- 做50次。

小贴士

如果你没有训练带,也可以用一条自行车内胎替代。

在动作到最大幅度时,如果感觉拱背了,将前面肋骨下沉,保持脊柱中立位。

训练带牵引练习(BAND DRIVE THRU)

- 将一根训练带安全地固定在与膝同高的位置,将一条腿套进去,背对固定点。
- 将训练带放在大腿上部接近臀纹的位置。单腿站立,当躯干向前时训练带能够向后拉髋关节。是髋关节而不是下背部进行铰链运动,保持膝关节微屈。
- 推髋向前,抵抗训练带的力量。用臀肌迅速带动对侧腿的膝关节向前,同时带动躯干向上。将脚放回地面。完成一整套动作。
- 每条腿做15次。

小贴士

在动作到最大幅度时,避免拱背。目的是在保持脊柱稳定的同时挺髋。

臀部驱动练习

训练带臀部拉拽练习(BANDED HIP DRAG)

- 将训练带安全地固定好，与膝同高。将训练带套在一条腿上，面朝固定点。将训练带放在膝关节后部，站到足够远的地方，以便于当膝关节轻微弯曲的时候能感觉到一些紧张。
- 用臀肌来向后伸展你的髋部。大量的张力能产生阻力，但是你仍然可以将大腿向身后移动。
- 有一点很重要，你要沿地面拖拽脚动用臀肌。如果你抬脚了，你会动用到腘绳肌。当你让训练带带着腿向前的时候，保持臀肌收缩。
- 每侧做15次。

悬吊后弓步(SLING BACK LUNGE)

- 将脚套进悬索，脚抬高至膝关节高度。脚面朝下，另一条腿保持平衡，将悬索放在身后，双手十指交叉放在胸前。
- 弯曲支撑腿的膝关节，向后弓步，保持前腿胫骨尽可能垂直于地面。保持脊柱中立，以便于髋部在身后伸展，但是背部不动。
- 腿收回并拢，回到初始位置。
- 每次做2组，每组10次。

小贴士

如果你没有悬索，你可以用一个盒子或一个椅子做这个练习。

臀部驱动练习

悬吊手枪式下蹲(SLING PISTOL SQUAT)

- 双手握住悬索的把手，放至胸前的高度，单腿站立。
- 下蹲时，向前伸直另一条腿，保持骨盆在一个水平面上。下蹲和起立时保持支撑腿胫骨与地面垂直。
- 每侧做2组，每组10次。

小贴士

站到离固定点较远的位置会让这个动作更简单，离固定点近一点会让动作更具挑战性。

8 身体对线要因人而异

在体育界对于运动表现的追求引出一种假设：存在"最好的方法"。当把这种假设运用到跑步上时，我们会认为，如果运动员 X 表现得特别好，X 的方法就是最好的。因此全世界的教练都会告诉大家去复制 X 的方法。即使人和人之间有巨大的差异，我们还是要一刀切地去训练。我们大多数人都有过这样的经历：教练或是老师怀着美好的意愿非要把我们套入一个最佳模式中去。教练告诉一个外八字的孩子说："脚尖直着跑！"瑜伽老师用轻柔的声音说："到垫子前面来，脚尖朝前！"CrossFit 的教练冲着在举重架旁准备的运动员大喊："下蹲时保持后背伸直！"

但是如果他们不了解你的身体构造，又没有考虑个体运动员特质不同的问题，他们又怎么能告诉你如何去调整身体呢？

想一想一扇门是如何开合的吧。你拉门把手，门以门轴为中心打开。你可以将门开合数百次，数千次，数百万次，这扇门还是好的。但是如果你不拉门把手，而是试图通过掰门下侧开门，会怎么样呢？这种扭转力将施加在门上，破坏门轴，挤破门框。试图用蛮力移动任何东西，最终的结果都将是破坏它。现在是回答问题的时间了，你的脚和髋部在跑步中应该如何去调整呢？记住，去评估而不要去瞎猜。

在我的职业生涯中，我见过的因为迫使自己将腿伸直而造成运动损伤的例子已经数不清了。正如人们的眼睛颜色不同，鞋子尺寸不同，生物力学也是多样性的。我们的运动重心都不尽相同。让我们停止那种让每个人都按相同的方法训练的疯狂想法吧！我们不是要寻找跑步者落脚的位置，让我们评估你的特殊身体结构，从而帮助你寻找正确的运动方法。

你骨骼的位置和肌肉僵紧、无力无关，不是靠拉伸就能改变的。一些人生来骨骼就在某一个位置，另一些人在骨骼形成的早期做过大量的扭转运动。我们甚至还怀疑跪着压脚能起一定的作用，但是事实上没什么用。你的骨骼是固定的。

如果你不喜欢你骨骼的旋转位置，试图纠正扭直，很显然，那绝对是个坏主意。但是我的观点是这样的：身体100%呈直线的人不见得一定比那些骨骼有些旋转的人更好或更坏。身体是什么样就是什么样。如果你不尊重自己的身体，你的身体就会出问题。

拥有自己的运动

要想弄明白当你运动时你需要如何调整身体，我们需要去看看骨骼是如何旋转排列的，特别是你的髋关节和胫骨。想象一下有一个烤肉叉子，竖着穿过你的腿，让我们来看看你的大腿和小腿是如何在烤肉叉子上被串成一条直线的吧。

从髋关节开始对位。你的股骨和骨盆以某一个角度相连接。这个角度可分为中立位（以正前方为准的）、前倾（向内扭转）或是后倾（向外扭转）。你的髋关节旋转总是决定膝关节的运动轨迹，这和我们看到腿往哪儿迈无关。

一旦我们知道了你的髋关节是如何对线的，我们就能看到你的胫骨是如何扭转的。就像上面的髋一样，胫骨可以朝向正前方，向内扭转，向外扭转。你胫骨的位置决定了你脚的位置。

那么这种对线是如何起作用的呢？苏珊和梅根是大学生跑步选手，她们每周还有几天在一起做瑜伽。她们俩的跑步教练和瑜伽教练都告诉她们："把脚伸直！"当苏珊这样做时，身体感觉好极了，但是梅根会在跑步和上瑜伽课时膝盖很痛。我们让这两位跑步者站在镜子前面去观察她们的运动方式。

苏珊注意到她的大腿和脚是可以很好地指向正前方的。当她半蹲时可以看到膝盖仍然是朝前的。接下来，她单腿站立然后微微下蹲，去模仿跑步时膝盖的弯曲程度。这一次，她的膝盖仍然是朝前的。剧透一下：苏珊的髋和胫骨中立位对线，她只需自然运动就可以让关节很好地移动。这就是说，她本来就是按照自己的运动方式来运动的。

梅根在镜子里看到自己的脚尖是朝前的，大腿也是朝前的。但是当她双腿下蹲时发现自己的膝关节是内扣的。接下来她和苏珊一样做了一个单腿下蹲的动作，也发现膝关节是内扣的，梅根感觉很有挫败感。她已经做了臀部强化练习来帮助她的膝关节朝向正前方了，感觉还很不错。但是这很明显不管用，因为她还是膝关节疼痛。

梅根和苏珊一样髋部在中立位上，但是胫骨外旋了大约15°。如果她自然运动，尊重身体的力线，她的膝关节会朝前，但是脚会变成外八字。她的脚无法指向12点方向，而是自然地想要指向11点或1点的方向。我们告诉梅根，她需要让她的脚自然向外。这听上去很奇怪，因为和她在整个跑步生涯中被告知的不一样。她一直被告知要努力将脚伸直。现在她下蹲，膝盖是朝前的，然后单腿下蹲，膝盖还是朝前的，一点都不疼，梅根的脸上显现了一个大大的微笑。

当我们看到一个跑步者摇晃或是运动的方式不同时，我们经常会跳出来下结论说：他们肯定有灵活性和稳定性的问题。但是这并不总是对的。梅根的膝关节塌陷不是僵紧和无力导致的，而是她生来的身体力线造成的。她应该遵循自然的状态去做所有的运动：跑步，练习瑜伽体式，做单腿稳定性练习，做力量练习和增强式练习。每次梅根听到别人说"伸直你的脚"，她都知道她要把脚指向 11 点或是 1 点的方向。当你按照自然的状态运动时，你会惊叹到底你的身体可以如何有效地运动，到底你的关节可以多么的轻松。

评估，而不是猜想

评估腿部骨骼的旋转对线或扭转是医生和物理治疗师在早期培训中学习的基本测试。很久以前，有一个叫克雷格的医生意识到旋转对线的重要性。他发明了一个测试方案，并以他的名字进行命名。近几年，我修改了一下做成了一个个性化的版本。许多运动员用它成功地评估了自己的对线问题。如果你对于自己找出这些身体标志没有信心，请找一位你信任的医生帮你看看。但是你应该先试试这个测试：你将获得关于你的身体在跑步中和其他所有运动中是如何运动的关键信息。

精确定位大转子

大转子是你股骨的一个界标。它在股骨的外侧。仔细看一下示意图，你就会知道它是什么样子的。当我们告诉人们双手扶髋关节时，大多数人都从前向后把手放在了骨盆最上方（髂嵴）。下面的做法可确保你能把手放在股骨的正确界标位置。

- 自然站好，确保两腿受力均匀。将一只手放在髂嵴上。
- 现在转动中指向下指向大腿外侧中线。
- 当你的手指感觉在你髋部的外侧时，转动髋关节向内向外，就好像

在一个烤肉叉上一样。你可以很好地感受到手指下方髋骨上有一块很硬的骨头在移动。恭喜你，这就是你的大转子了。

身体对线检查

现在我们要用你的大转子来寻找你髋关节的旋转对线。

- 站立找到左侧的大转子（如第112页所述）。
- 手放在髋部，向内转动左腿，大转子尖部将会向手的前侧移动。
- 然后将髋部向回向外转，你会感觉到大转子头转过你手指回到原来的位置了。
- 继续向内向外旋转髋部直到你能感觉到你的大转子尖部在运动中指向外侧时的那个位置。
- 一旦你的大转子尖部在正确的点上了，将腿保持在这个位置上，然后两脚受力均匀地站立。（别担心，从你移动的髋部移开手，使测试更容易，这是正常的。）让我们来看看你的左腿：

如果你的脚尖指向正前方	你的脚就总能伸直。
如果你的脚尖向内或向外	那就意味着你的骨骼有一些扭曲，要么是在你的髋部，要么是在你的胫骨处。这样没什么问题，这些都是你的一部分特质。

- 接下来我们想要弄清楚你的膝关节运动的轨迹。要尽可能的自然，微微下蹲，然后观察一下你的髌骨方向。

如果下蹲时你的膝盖是朝前的	膝盖在你跑步和骑车时一样也是朝前的。
如果你的膝盖是朝外或朝内的	那么应该承认你的髋关节有一些扭转，你需要关注。

身体对线要因人而异 | 113

现在你需要做的就是去看一看表8.1来确定你应该怎么运动了。配合你脚的位置和髌骨的指向，来弄清楚你的下肢骨骼是中立位对线，还是你的髋部或胫骨存在扭转需要关注。这里有一个例子，让我们来假设你发现你的膝关节是朝外的，脚尖是朝前的，这就意味着你的髋关节外旋，胫骨内旋。你可以听教练的，去把你的脚朝前，因为基于你的身体力线它们就要求你这样去做。但是要当心当你在体育馆下蹲、骑车或是跑步时，你的膝关节都会外旋多过平均值。如果有人告诉你把膝关节朝前对准第二脚趾，那就会出问题，因为你的身体不是这样动的。

看来恰当的身体对线对你是相当重要的了。当你在跑步重塑计划中做力量练习时，确保你是根据自己在大转子测试中发现的那样去启动自己的身体的。当你跑步时，确保你以尊重自己身体的方式在跑。这样，许多问题也就可以用这个宝贵的小知识给解决了。

表8.1 哪种对线和你的情况是相似的

	髋关节外旋	髋关节中立位	髋关节内旋
胫骨外旋			
胫骨中立位			
胫骨内旋			

身体对线要因人而异 | 115

9

建立更强的弹跳力

当跑步者告诉我他们跳不起来时，我打算帮他们跳起来。为什么呢？当跑步被说成是一系列的单腿下蹲时，没有人能撑着相当于自身重量250%的负荷持续做单腿下蹲。这背后肯定有其他的东西。事实上，跑步更像是一系列的单腿弹跳。下蹲和弹跳对身体的要求是完全不同的。下蹲是一项与完成时间无关的任务。后背负重，从完全直立开始，下降到某一高度，然后再立起来。这个运动100%依靠的是你的肌肉收缩。而弹跳并不完全依靠肌肉的力量，你能从肌腱储存的能量释放中获得爆发力。

当你以一个稳定的速度跑步时，你的脚落在身体前方，当脚落地到支撑相中期（脚位于身体的正下方），这时你就进入了一个能量储存阶段。当从支撑相中期到蹬离地面，你释放了储存的能量。在最佳状况下，肌腱储存的弹跳力能抵消跑步所需机械耗能的一半。所需的另一半力由肌肉控制发出，因此每条腿都需要产生出相等肌肉的收缩力。每跑一步，它们都需要各自承担身体重量的125%。虽然这听上去不错，但是跑步仍然是很不容易的。

我们设计跑步重塑计划是为了帮助你的身体从头到脚精确运动，让你的身体在跑步时更能承受压力，变得更有耐力。这个计划还采用了抗阻训练和爆发性的运动去训练你的身体以提高速度。提高弹跳力最好是用安全的方式练习来达成目标，而不是去锻炼单独的肌肉。这类训练将用一种你从来没有在跑步中感受到的方法去改变你的身体和步态。这就是发现并解决身体障碍的乐趣所在。不要担心，这不是针对跑步者的 CrossFit，那种训练要进行大量的练习去达到健身的目的。我们的目标是利用一种特殊的压力产生特殊的结果，这个结果将会改善你的跑步，让你跑得更快。

效率 vs 动作

我们都喜欢有效率。无论是理财、购买杂货，还是跑步，如果你的选择省钱或是省力，那么你都会感觉很好。正如我们所了解的那样，能更好跑步的关键就是利用储存的弹力。如果你能改善步态，在既定的速度下用更少的肌肉力量跑步，你就能保持速度不疲惫或是有能力在用相同的力气的情况下跑得更快。但是当我们为了跑得更快牺牲了效率的时候有这样一个问题：高中生在中途往返跑中是像野马一样跑的，不是像汽车那样跑的。跑步是没有区别的，有速度才能获得奖牌，而不是效率。

肌肉耐力不等于速度

跑步能够提高或至少维持肌肉耐力。它可以让你在既定的负荷之下一直坚持很长时间。这种能力不能发展发力的技巧去提高速度或跑步的效率。研究表明，长跑运动员的力量会随着年龄的增长而下降。因此只是耐力训练不能发展你在跑步中所需的所有技能。在跑步之外不进行其他训练最终会导致运动能力的丧失。有没有好消息呢？有目的的力量训练能够帮助年轻的、中年的和老年的跑步者提高跑步效率。如果你需要更多的激励，一项不可思议的，涉及 26000 位运动员的研究发现，力量训练能减少 33% 的运动损伤，并且减少一半因过度使用而造成的运动损伤。

针对性力量训练是值得你刻意花时间去练习的。

当速度增加时,你的脚与地面接触的时间就少了。因此为了能跑得快点,你就要训练自己的身体去更快地发力。如果让一个未经训练的跑步者到我的实验室接受检查,测一下他能够产生多少力,他要花大约半秒的时间才能达到他的极值。这需要时间发展峰值力。但是当你跑步时你没有那么多时间,事实上,大多数的跑步者脚着地的时间只有 0.25 秒或更少。因此我们需要训练身体抓住着地的那一瞬间去生成力(图 9.1)。研究显示,用更快的速率向地面施加更多力的人能够跑得更快。在半秒钟时能够发出最大力和跑步速度是没有相应关系的。这是对力量训练和增强式训练进行干预的全部前提。听上去不错吧,但是在开始训练之前,让我们先来看一看这个训练是如何起作用的。

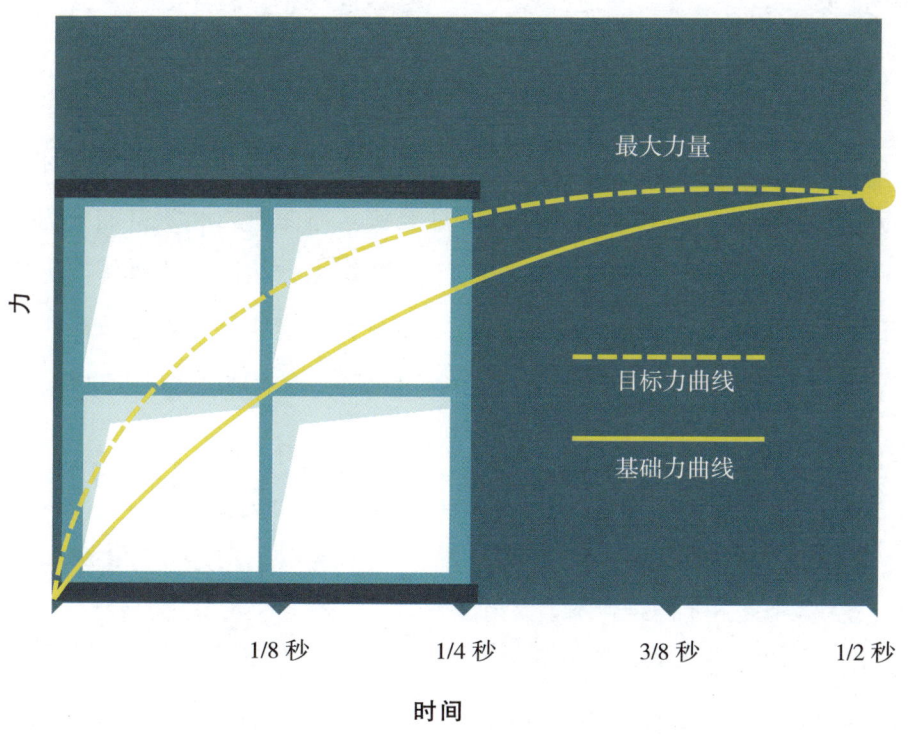

图9.1 力量曲线
发出最大的力不是目标,目标是力量曲线的斜率,也就是你发力的速率。训练身体更快的发力才能提高跑步速度。

图9.2 跑步效率
这个弹簧单高跷能够展示出，一个弹力更好的弹簧能够向地面发送更强的力，从而获得对于速度和距离都有力的步态。

建立更强的弹跳力，获得更大的爆发力

让我们来想象一下，你骑着邻居家小孩的一个弹簧单高跷，这个高跷有点旧了，所以弹簧的弹性没那么好了。老实说，这个高跷本来就不是给你玩的，而是给一个体重50磅（约22.7公斤）的孩子玩的。带着怀旧的心情，你骑上去玩一会儿。但是这个高跷弹不了太高，每次弹起来时你也离地没多远，于是你给自己买了一个成人玩的高跷。

新高跷有一个更大的弹簧，每次也能弹起来更高。虽然玩着有点尴尬，但是你确实每次能够弹得比玩邻居家孩子的高跷时更高了。练习1周后，你弄清楚了弹簧的能量储存和释放的时机。你发现如果你真的压住了弹簧，它就能把你弹回去。现在你每次都能够比曾经是小孩子的你弹得更高了。

你弹起来的高度和速度取决于你加在地面上的负荷。这个负荷是由你在高跷的弹簧处储存和释放的能量，还有你起跳的时机决定的（图9.2）。这和你做跑步专项力量训练是很相似的。通过将力量和爆发力练习相结合，你能够建立更强的弹跳力。更强的弹跳力能让你每次踩地时发更大的力，肌肉掌握最好的发力时间能让你的步子更快。你的肌肉和积蓄的弹力产生额外的动力，从而让你身体在空中的时间更长，这就意味着你每步可以跑得更远了，也就是说你可以跑得更快了。

更大的力 + 更快的发力速率 = 跑步效率

要想让肌肉产生更多的能量，我们需要更快的发力速率，这个能力与运动员的速度和运动表现是息息相关的。我们将结合力量和爆发力练习去建立发力

技巧。这是跑步重塑计划与提高小腿围度计划之间的关键区别。完成单项练习不是关键，这章的练习就是用来训练掌握发力技巧。

发力需要改变肌肉和募集方式。肌肉产生力，在训练馆进行大量的力量训练之后，肌肉变得更强壮了，最终肌肉会变得更大、更紧实，我们管这个过程叫作肌肉增大。大块的肌肉能够在单位面积下产生更多的力。这项训练的目的是提高跑步时的肌肉发力能力。但是为了有效训练肌肉我们还需要训练大脑。记得肌肉需要与之相连的神经系统发出信号才能进行收缩吗？每个肌肉纤维都与我们称之为运动单位的神经相连接，它指导肌肉去有效工作并产生更多的力（图9.3）。通过一些重塑练习，你会在以下方面表现得更好。

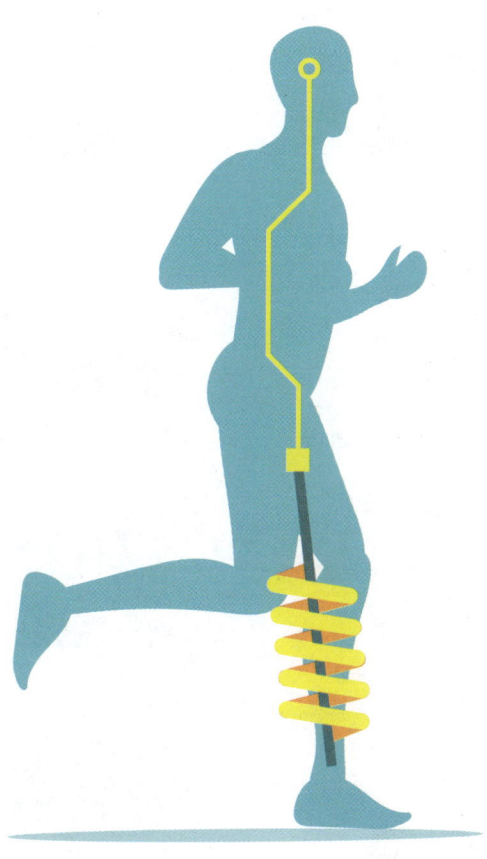

图9.3 肌肉间的协调和肢体稳固
跑步的动力不是来自单一的力量，而是大脑去稳定、协调和肌肉同步控制，这样才能获得更强的弹跳力和更快的步伐。

为了更有力的和更长的步伐而训练

如果你能够增加对地面施加的力，你就能在不费力的情况下增大步幅。这是改善你步态的安全方法。你可以只是简单地增大步幅，但是那样会给身体增加额外的压力。这样来想一下吧。跑一场马拉松需要20000步，如果你每步能够多跑1~2厘米，你将能在不增加步数的情况下达到比之前训练时更好的成绩。**你将刷新个人先前的记录。**

训练更多的肌肉纤维（或运动单位）同时激活。 你的肌肉不是单独存在的肌肉块，而是数以千计的肌肉纤维。如果你在坐下时想要伸直膝关节，你只需要启动肌肉内部的一小部分肌纤维就可以抬起你的腿了。举起200磅的重量时，你的身体将需要一次募集更多的肌肉纤维以便于能产生更大的力（图9.4）。

更快地给肌肉发送信号。 对于跑步的专项训练来说，爆发力的训练是很重要的，因为跑步需要你在很短时间内发出很大的力踩向地面。当神经系统连接速度加快时，肌肉就能够募集得更快。

肌肉协调性和同步性。 肌肉不是单独起作用的。这项训练计划将发展肌肉之间的协调性，让适当的肌肉在适当的时间内做好准备，并且让拮抗肌抑制，这样你的肌肉就不会过度收缩而影响运动。

跑步重塑计划最终的目的是肌肉的智能化和系统的智能化。这样你的身体才能很好协调运动，你才能够修正你的步伐。

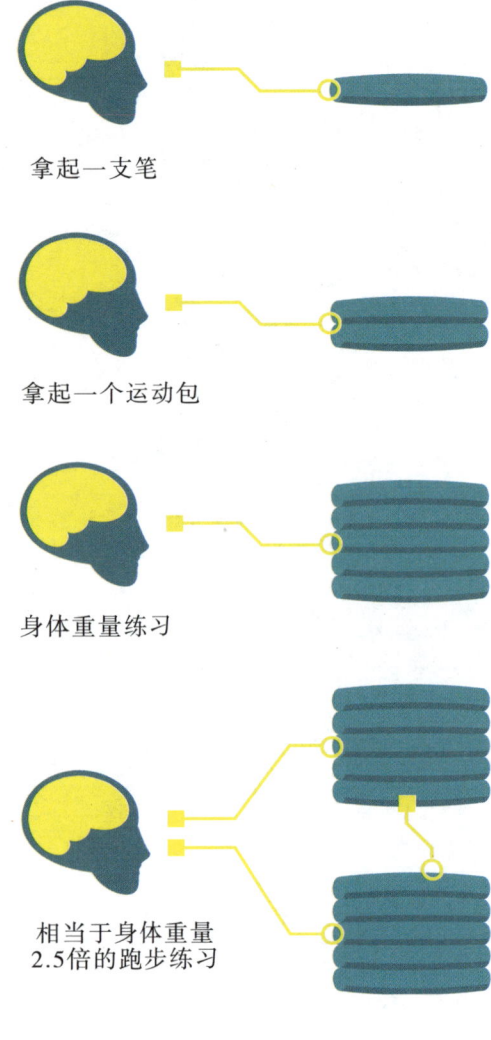

图9.4 身体对力的回应
负荷越大，需要调动和募集的肌肉组织越多。但只是自身体重训练不能满足跑步发力的需求。跑步重塑计划中爆发力训练会训练肌肉将超出的负荷输出以满足跑步的需要。

图9.5 跑步的重塑
在这个计划中的力量和增强式练习会让你有特别的收获从而可以满足跑步的需要。

如何去建立一个更强的弹跳力

一个靠谱的建立弹跳力的计划不会是令人精疲力尽的，或是耗费大量时间的；也不会导致肌肉混乱和肌肉粘连，或是一些时髦术语的代名词。我们会用基础运动的超负荷练习，以合适的方法去要求身体做出更多的回应。

为了达到这个目的，你需要完成以下三个目标的练习（图9.5）：

1. **用强有力的硬拉生成水平力**。这包括臀部前后方向的运动，使髋关节附近的肌肉有力。

2. **用流畅的深蹲方式来生成垂直力**。这主要涉及上下运动，使膝和髋部周围肌肉分开工作。

3. **用核心力量去完成三维姿势的控制练习**。移动重物需要启动核心力量，稳固下肢和上肢。

每项运动的目的都被包含在这个三个目标之内。每项运动都有一个特定的目的，那就是去改善你的跑步。多样性和重复性是运动学习和技能发展的基础。当你变得更强壮了，你从更喜欢用身体前侧的肌肉变成了更喜欢用身体后侧的肌肉。这就让你可以保持更好的姿势，去以更好的步态跑步。一旦你的身体能做到这一点，你的跑步方式就会发生令人惊叹的变化。

首先，关注形式

正确的运动始于你下蹲和硬拉模式下身体保持脊柱稳定的能力。在第七章我们用椅子辅助下蹲来练习这种技能。用棍子来测试你的脊柱是否保持在中立位。如果你的身体在下蹲的过程中偏离了与棍子的接触点，你就不能安全地发出垂直力了。同样，如果你在单腿硬拉时拱背了，或是下背部偏离了与棍子的接触点，你就不能通过单腿硬拉练习获得所需的水平力。不管是哪种情况，你最好找1周的时间，每天花10分钟来搞定这些精准运动。一旦你在运动中加了重量或是尝试去更快地移动，这些小细节产生的问题将变得很严重。如果在负荷增加的情况下，你的动作没做到位，你会面临身体过分受压，并且所进行的训练收获不能很好地转化到跑步中。一些跑步者有着很自然的身体知觉，但是另一些人却没有。一些人对于本计划中更复杂的运动能够快速反应，另一些人则需要采取更慢的方法来适应。不管用什么方法，每个运动员都会有改善。如果你要解决的是基本问题，请关注有技巧的运动，持续练习，你能取得进步。用一个错误的姿势加上一大堆的负重练习是不会有什么收获的。

记住，好的方法需要反馈。让一个朋友加入你的练习，你们可以互相帮助去更好地运动。你也可以用智能手机拍视频记录一下，看看你的运动是否符合动作要领。再说一次，动作的形式是将这些技巧转变为正确跑步姿势的关键。

多重算重呢

训练强度是这些练习的基础。在保持完美形式的同时尽可能地负重吧。我们的目标是在压力下建立一个有弹性的运动策略，这个技巧能帮助改善跑步。当你给自己增加负荷时，你会发现你的运动模式被打破了。比如，当你的腿可以蹬推重物，但你的核心坍塌了。当你的腿站不稳时，你的重心也就不稳了，这是很不安全的。当你硬拉起150磅的重量时，如果你拱背了，那么用正确的姿势举135磅就行了。记得你的身体在压力下为了能让你更好地运动，能够适应很多状况。

当你准备增加负荷时，请遵循这一原则：在规定组数内如果能保持正确的姿势，上举的速度下降不超过50%，那么就加重。

你可能有一些举重的目标。这些目标应该是在你能力范围内的。我用同样的指导方法帮助过很多从未去过体育馆的人锻炼成臀部主导的跑步者。一旦你改变了自己的募集策略，你会惊叹原来跑步的感觉可以这么好。在你付出努力的情况下，你的身体就可以做到！

不要相信任何道听途说来的力量训练

在开始之前，我们要揭穿关于力量训练的几个误区。第一个是关于举杠铃速度的。有很多关于"举杠铃要用超慢的速度"的传言，或是用5~10秒钟去把杠铃举起，再用相同的时间放下杠铃。慢速抬举技能是不会影响跑步的，忽略掉就好了。用舒服合理的速度举杠铃就行了。上举和放下的时间不要超过2.5秒。事实上如果你举杠铃的速度过慢，你的姿势也就变形了。不可否认的是，一套动作做到最后几组会更困难，但是我们练习的目的不是失败（例如此时你再也推不动了，杠铃就像爬行一样）。如果这个计划让你重复6次，你前4次都用很高的频率做完了，但是做最后2次时因为过度紧张而变得很慢，你就需要去减掉一些重量了。把这个作为一个过程训练，如果你的目标是78秒内完成8次，两次之间就需要间隔7~8秒。选择一个有一点挑战性的重量，让你可以高质量地完成整套动作。

许多专家都声称你应该在上举时屏住呼吸，但是这不是一个好建议。理论上，屏住气能够增加稳定性，后背的核心肌肉需要启动才能提供稳定性，防止你身体在增加负荷的情况下弯曲。在举重时，你的核心力量需要超时用力，你不能就靠憋住的一口气保持身体对线。而且跑步时你也不可能把一口气憋在横膈处不呼吸。所以举重时不要这么做。如果你发现每次重复时不得不憋气，这就说明你心有余力不足。所以将重量减到你可以用正确动作和稳定的呼吸去运动的状态。

$$\frac{(力量+爆发力)}{体重} = 运动表现$$

最后,关于力量训练人们有一个普遍的误区,就是力量训练会让你变得块儿很大。让我们来衡量一下这种风险和所获得的回报吧。当然跑步时轻盈一点是更好的,因为每迈出一步你需要承受的重量都会更小一点。但是重量概念是不一样的。跑步时拖着一身的脂肪是没有任何积极意义的。你要在既定的体重下让自己更加强壮、更加有力才行。

在既定的训练要求下,对于跑步者来说增重太多是不正常的,但是我们觉得,如果你在这个训练计划中增加了1磅,全部肌肉增加的这1磅能够使你在蹬地时的力量发生很大改进。增加的这个力量能够直接影响你每一步的步长。**弹跳力越强,跑得越快!**

▷ 训练水平力

地雷式单腿硬拉
(LANDMINE SINGLE-LEG DEADLIFT)

- 将一个45磅重的标准杠铃放在地板的墙角处卡住。
- 另一端垂直于身体，用外侧腿站立，然后用对侧手拿起杠铃，手臂伸直下垂。抬起另一只手向外打开，找到身体的平衡。
- 保持脊柱伸直，扭转髋关节向后，抬内侧腿向后，同时放低杠铃。
- 挺髋向前找向杠铃，身体回到初始位置。
- 换方向做另一侧。
- 每条腿各做8次，3组。

小贴士

目光保持和胸口朝向相同的方向。屈身之前先移动头会让脊柱脱离中立位。

罗马尼亚硬拉(ROMANIAN DEADLIFT)

- 站在杠铃前面，小腿胫骨接触杠铃，脚分开与肩同宽。下蹲，正反手握杠铃。想象向外扭转手臂，就好像要把杠铃掰成两半一样，把肩胛骨沿肋骨向后向下沉。
- 保持脊柱挺直，臀部发力向上成站姿。
- 推臀部向后远离杠铃，身体直直下弯向地板（你会感觉腘绳肌紧张）。
- 双脚向下推地板，臀肌发力挺髋向前回到初始位置。
- 做3组，每组8次。这8次的目标是体重的1.5~1.8倍。

训练水平力

小贴士

在保证下背部不拱起的情况下,尽可能地拉起最大重量。

当臀部从后向前移动的时候,杠铃必须直上直下。

沿肋骨向后向下锁死肩关节,以帮助脊柱稳定。

头的位置对于脊柱稳定是至关重要的。想象在你的胸口处有一个照相机指向前方。整个运动过程中,眼睛只能看向照相机指的方向。如果你的胸口向下,你就向下看。当你将身体回正时,不要太早向上看。

修正初始位置

如果你的腘绳肌紧张,不要试图将杠铃拿离地面。可以从一个与大腿中部平齐的架子上或箱子上拿起杠铃。紧张的腘绳肌会迫使你的下背部拱起,妨碍你形成一个良好的姿势。紧张感还会影响你屈髋的深度。屈髋的程度最好小一点,保持良好的姿势比将杠铃放得更低但拱背了要好得多。

训练水平力

臀推练习(HIP THRUST)

- 坐下，将一个标准杠铃横在髋上。用一个杠铃垫或是一块卷起来的练习垫垫在杠铃和髋关节之间。
- 仰卧，头和肩着地，双手握在比臀宽出几英寸的地方，膝关节屈曲。
- 保持脊柱中立位的基础上，推臀和杠铃直直向上。
- 目标重量是体重的2倍。
- 做3组，每组6次。

小贴士

臀推不要高过身体的中立位，以免刺激到后背部。

壶铃挥摆练习(KETTLEBELL SWING)

- 双脚站立，比肩微宽，双手抓一只壶铃放在身前，手臂伸直。
- 向后压臀做一个要下蹲的姿势，向前倾斜躯干，让壶铃向下向后摆至两腿之间。
- 用爆发力迅速将壶铃向前摆至肩的高度，到需要动用核心力量去阻止壶铃摆到更高的位置时就可以了。
- 当壶铃向下向回落时，再次向后压臀。
- 做3组，每组8次。

小贴士

做这个动作时应该是臀肌和腘绳肌有感觉，而不是下背部。

迅速用爆发力将壶铃摆至肩的高度，但是不要快到核心力量不能阻止其上摆。

要想增加难度，让一个朋友站在你前面，每次将壶铃向下推一下。

选择一个你能快速运动的合适重量的壶铃。

▷ 训练垂直上举

壶铃下蹲(KETTLEBELL SQUAT)

- 双手拿一个壶铃紧贴在胸前，肩胛骨宽展，向下向后，背部锁死。双脚比肩微宽。
- 重心放在双脚之间，将臀部向后向下沉，下蹲至手肘能碰到大腿处。
- 保持脊柱中立位，引背部向上回到站立姿势。
- 做3组，每组8次。

小贴士

你也可以用哑铃、沙袋或是任何重物去做这个练习。

在做这个动作时不要为了举起重物就拱背。整个运动过程都要保持脊柱中立位，确保身体核心起到和双腿一样的作用。

分腿蹲（SPLIT SQUAT）

- 每只手拿一只哑铃，手臂伸直放在身体两侧，一只脚的脚尖放在身后的板凳上，身体站直。
- 单腿下蹲时，让哑铃直直向下。
- 保持身体躯干尽可能地与地面垂直，下蹲时双肩沿肋骨向下，然后回到站立姿势。
- 做3组，每组8次。

训练垂直上举

深蹲（SQUAT）

- 将一个杠铃放在大约与肩胛骨同高的架子上，走到杠铃下面将其放在肩胛骨上，横压后颈部。
- 将肋骨向下沉去找到脊柱中立位，然后双手向上去抓杠铃的时候保持这个姿势。
- 注意全方位的呼吸，想象你要尽量吸气然后撑开一条围在腰上的腰带。不要屏气，而是要用呼吸给脊柱提供一定的紧张感。
- 当拉杠铃下落向你的后颈部时，做一个引体向上的动作。（整个一系列的动作将帮你建立一个稳固的核心基础，同时在下蹲时改善你的脊柱位置。）

小贴士

这个动作的关键是下蹲时保持脊柱中立位。每组动作都要记住这个动作要领。站立时的正确姿势确保深蹲的动作正确。

找一个训练伙伴协助你，当杠铃太重时帮你将杠铃从肩上拿上拿下。

训练垂直上举

- 现在站直，然后向后离开架子开始练习。
- 推臀向后，进入深蹲的姿势。下蹲时不必蹲得太深，大腿与地面平行即可。
- 双脚蹬推地板回到站姿。
- 做3组，每组6次。这6次的目标是每组重量为体重的1.3～1.5倍。

> **其他深蹲动作**
>
> **箱式深蹲**：放一个板凳在身后，每次下蹲时臀部能够微微接触到板凳即可。这能够帮助你知道什么是合适的下蹲深度，确保臀部驱动。
>
> **偏移深蹲**：为了挑战自己的核心力量，可以在杠铃的一端加上相当于总重量10%的重量。偏移力能够帮助解决不平衡的问题，两侧都要做这个练习。

建立更强的弹跳力

姿势控制

▷ **上举时姿势控制的练习**

悬吊斜上拉(SLING ROW)

- 每只手都抓住一个悬索的把手,身体向后倾斜,确保身体成一条直线,手肘完全伸直。
- 将双手拉向至胸口处,两侧肩胛骨向中间收紧,保持脖颈和上肩部放松。
- 做2组,每组做10次。

弓箭手压桥式(ARCHER PRESS BRIDGE)

- 将悬索设定好,让把手与胸同高。一只手抓住把手,另一只手拿一只轻哑铃(5~15磅)。
- 压低身体形成桥式,让举重物的手臂与抓住悬索的手臂平行。
- 扭转身体向下远离悬索,好像你是一个弓箭手正在拉弓。
- 抓住悬索的手将身体上拉,扭转身体的同时将哑铃向前送。
- 每侧做3组,每组6次。

小贴士

如果运动中你感觉下背部有任何僵紧,将臀部放低1~2英寸(约2.5~5.1厘米)。

如果你没有悬索,你可以抓一只架子上的杠铃杠。

姿势控制

俯卧撑(PUSH-UPS)

- 双手扶地,大拇指向前,其余手指打开,肩胛骨沿后背转动放平。从高位平板的姿势开始。
- 下沉完成一个俯卧撑,但是手肘不要超过躯干的高度,这个动作有益于肩关节的健康。
- 回到起始姿势。
- 做3组,每组10次。

小贴士

要想降低一点难度,你膝盖可以着地。

要想增加难度,做动作时将一条腿微微抬离地面,并可在动作中间切换腿。

悬吊俯卧撑(SLING PUSH-UPS)

- 双手放进悬索里,以平板的姿势开始,单脚或双脚踩地都可。
- 下沉身体做一个俯卧撑,手肘不要超过躯干的高度。
- 回到起始姿势。
- 做3组,每组10次。

小贴士

将身体向前移动,这样可以降低难度。将身体与悬索垂直,可以增加难度。

姿势控制

服务员式行走(WAITER CARRY)

- 一只手拿一个壶铃或是哑铃,抬起手臂使上臂和地板平行,前臂垂直于地面。让重量带动肩胛骨向后滑动。
- 保持肋骨向下向前,避免下背部拱起。然后转圈行走至少30秒。
- 练习4次。

小贴士

这个动作的目的不是举重(5~15磅即可),而是通过保持肩胛骨沿肋骨变平向后,让手肘抬高建立一个稳定的姿势。

提箱行走(SUITCASE CARRY)

- 一只手拿一个壶铃或一个哑铃,将手自然下垂放在体侧。
- 肩胛骨沿肋骨下垂,并积极对抗倾斜的不对称的负荷。
- 走30秒,在这个过程中保持身体垂直。
- 做4组30秒的提箱行走练习。

姿势控制

农夫式提重物练习(FARMER CARRY)

- 每只手拿一个重物,手放在身体两侧自然下垂。保持肩胛骨沿肋骨和颈后部下沉。

- 向前走40秒,走路时保持这个姿势。迈大步走,不要迈小碎步。

- 做3组练习。

▷ 爆发力速度和力量的训练

我们做的有些运动是为了建立更强的弹跳力，包括非常快速地移动较少的重量（有时只是身体的重量）。增强式训练是一种弹跳力练习，可以帮助跟腱反应以获得最佳的弹跳力。为了实现这个目的，你在地面上的时间要非常短。这需要一个很流畅的动作让你能爆发式地脱离地面，就好像在逃命一样。为了促进这个速度，我希望你适时休息。

增强式练习的目标是在高强度的情况下完成动作的总数量。如果指定10次，你需要做3次后休息一下，以维持高强度的练习，休息15秒后再继续练习。如果你是新开始进行增强式练习的，在做任何练习5次之后都要稍事休息。甚至是有经验的老运动员也应该认识到何时需要休息。如果你注意到脚着地时双弹跳，说明已经失去了弹力。因为双弹跳是作用在肌肉上，而不是用跟腱来反应的。按自己的需要充分休息，用更快的速度和高强度来高质量地完成练习。

做增强性训练的时候，记住多做不代表更好。一些训练会去跳箱子，跳过及胸高的箱子看上去很酷，但是这并不能帮助你跑得更好。跳过高的箱子需要你动用肌肉来跳跃，这会增加你在地面上的时间。再说一次，这意味着你不再是进行弹跳力训练，你是在做一般的力量训练。增强式练习的最佳高度是能够让你迅速离地的练习。对于大多数运动员来说，箱子的高度到小腿中部或是膝盖（14～18英寸）就可以了。

只有在不增加踩地时间的条件下还能跳得更高了，你才需要换一个高一点的箱子。即便这样，也没有发现这个练习对跑步有特别的好处。我从来不会用一个高度超过臀部的箱子去训练运动员。目的是能够每次跳的时候能更快地跳离地面而不是寻找一个高箱子去跳。如果你没有箱子可跳，公园的长椅、高点的马路牙子或是挡土墙都是很不错的选择。

增强式训练的技术要领

对于增强式训练来说，练习形式和强度是同等重要的。在镜子前面练习，观察自己的练习形式（图9.6）。

- 跳跃时不要让膝关节内扣，至于腿的其他部分，请参看第八章（115页的表8.1）。
- 落地时保持髋部向后。如果你的膝关节刚好在脚趾上方，那么你的髋部就正好处于该在的位置。
- 全脚掌着地。当然了，你的前脚掌是先着地的，但是整个脚掌应该最终都着地。这会帮助你的髋部向后，让你可以一起启动髋、膝和脚踝的肌肉。当所有这些关节一起动时，我们将其称为"三重伸展"，这是正确运动获得机械力的关键。用脚趾撑地是用小腿的力量在跳。对于增强式训练来说，我们的方法是通过穿透地板蹬踩来保证每个关节在你离开地面时都能正确启动。

如果你不能正确落地，进行3周的力量练习，然后再去尝试增强式训练。

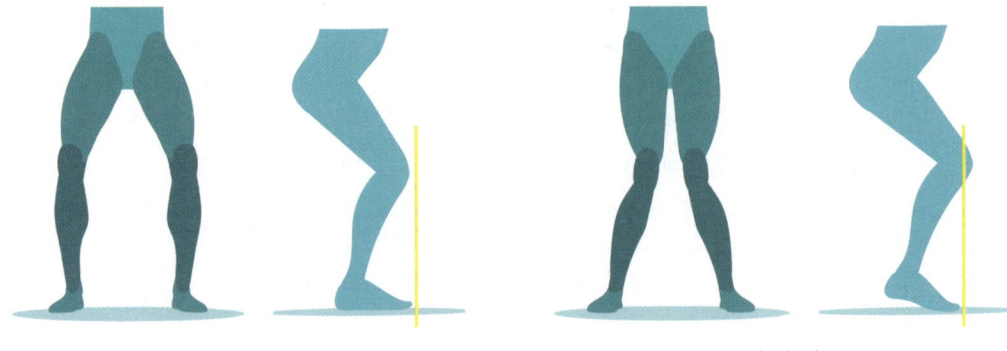

好的方式　　　　　　　　　不良方式

图9.6　去观察什么
注意从前面看膝关节的位置和从侧面看髋和膝的位置。

哑铃推举练习(DUMBBELL PUSH PRESS)

- 分腿站,一只脚在前,一只脚在后,每只手拿一个哑铃放在肩前面的位置。
- 稍微向下然后猛地向上跳,动能会带着哑铃向上冲过头顶。当你在半空中时,前后腿互换落地。
- 目的是保持两个膝盖之间的距离,就像跑步时一样。你不需要做一个深深的弓箭步。
- 每条腿做10次。

小贴士

这不是一个肩部练习。举轻一点的物体并且用爆发力上举。如果脚着地时向前移了,放一个箱子在前脚处,迫使自己关注向上的动作。

这个臀部练习和训练带臀部拉拽练习是很相似的(第106页)。

增强式训练

忍者蹲跳(NINJA SQUAT JUMP)

- 面朝一个到小腿一半高度的箱子或板凳站好。

- 双脚起跳,尽可能轻地落到箱子上去,全脚掌着地(不要只是脚趾球落地)。膝关节屈曲大约90°。身体放低保持1秒的时间。

- 当你跳回地面的时候,在着地前双脚就准备穿透地板蹬踩,这样能让你立刻再跳回箱子上面去。

- 跳20次。

小贴士

不要双弹跳。如果你触地的时间增加了,休息一会儿。我们做这个练习的目的是训练弹跳力。

箱形蹲跳(BOX SQUAT JUMP)

- 先放一个大约小腿一半高的箱子或板凳，然后在3英尺外放上另一个高度差不多或是稍微高一点的箱子或板凳。
- 从一个安静的坐姿开始，突然向前跳去，落在面前的箱子上，在这个箱子上站直。
- 走下箱子（不要跳）。
- 做20次。

增强式训练

横向障碍跳(LATERAL HURDLE HOP)

- 在地上放一个小障碍物，泡沫轴或是其他物体都可以。然后两脚交替从侧面绕着它跳。
- 持续跳30秒。做3组。

小贴士

保持髋部始终在一个水平面上，不要让髋部向内塌陷。

分腿跳箱(SPLIT BOX JUMP)

- 找一个大约到小腿一半高度的箱子或板凳。

- 一条腿放到箱子上去，然后用力向上跳，在半空中交换腿的位置。

- 当你回到地面时，要在接触地面时再一次爆发向上发力。不允许有双弹跳。

- 做30次。

小贴士

每次跳跃时要均匀地带动双腿。

增强式训练

立卧撑跳(BURPEES)

- 从站姿开始,蜷身趴在地板上,进入到一个高位俯卧撑的姿势,大拇指向前方,其他手指向外开。
- 俯卧撑向下,直到手肘和身体成一条直线时再将身体推起。

- 起身同时屈腿,用力向上跳,手臂向高处伸。这是一个完整的动作。
- 做3组,每组6次。

增强式训练

建立更强的弹跳力

增强式训练

药球练习

药球可以用来练习发力技巧。它能够给你一个目标让你去发起一个动作，然后身体随后跟上。如果你尽可能地将注意力集中在球上，它能够确保你的腿会跟着身体朝着球的方向发力。这些练习看似很难，但是训练效果非常好，被大量地运用到增强式训练中。

药球上推训练(MEDBALL PUSH PRESS)

- 双手拿住药球放在胸前。
- 双腿猛地用力蹬地推动身体向上。下半身的力量推动手臂和球举过头顶。
- 共做25次。每次都要充分休息后用最大的强度来做。

小贴士

这不是一个肩部的练习，球不用太重（10～20磅即可），用爆发力推药球向上。

祖母式投球(MEDBALL GRANNY TOSS)

- 双手拿一个药球。
- 快速将球向下带的同时臀部也向下沉，然后猛地向上跳起，将球尽可能高地扔过头顶。靠双腿的力量让球加速。
- 做25次。

N形扭转投球

- 双手拿药球，微蹲姿势站立。
- 快速将球带到身体一侧，然后扭转身体向另一侧，将球尽可能远地扔出去。
- 跑去将球捡回来，重复这个动作，向另一侧扔球。
- 做20次。

投球三连跳
(MEDBALL TRIPLE BOUND)

- 双手拿球，身体微微前倾。
- 向前跳起的同时将球尽可能远地投出去，接着再向远处跳两次。投球的动作能够帮助髋关节产生一个更大的水平力。
- 做5次。

增强式训练

增强式训练

投球加速冲刺 (MEDBALL ACCELERATION SPRINT)

- 双手拿球，身体微微前倾。
- 尽可能把球向前投出，同时让自己全速冲刺20米。投球的动作能助力加速产生水平力。
- 做6次。两次动作之间休息1分30秒。

10

掌控跑步的总体计划

建一座房子需要一个计划，设置一个大学课程表需要一个计划，订一个训练日程表帮助你提高体能需要一个计划，重塑你的肌肉记忆、改善你的发力速度同样需要一个计划。跑步重塑计划是一个旨在帮助你的身体通过特殊的适应方法来影响你跑步方式的训练计划。随机地进行练习和训练不会帮助你达到特定的目标。通过锻炼，让身体在跑步时能更好地发挥作用才是目的。这套计划将会改善你的运动精确度，提高弹跳力（图10.1）。

这套计划中的所有运动都是安全的。说实话，其实可以加入更多标准举重运动的，如高翻和抓举这些动作可以以一种令人惊奇的方式改善跑步的机械力。但是这些运动也需要大量的准确的手把手的练习才能正确地把动作做对。所以我认为既然通过做好基础练习就能达到目的，也就没有必要花额外的时间来学习复杂的练习了。下列训练中的每个动作都会特别关注一点来解决跑步中的特定需要。多样性和重复性是运动技能学习的不二法门。跑步重塑计划在这两方面都充分安排，能够让你通过训练获得一个稳固的训练效果。但是坚持训练是要靠你自己的，这样才能让训练效果体现在你的跑步之中。

精确训练

这些训练项目（1~6）旨在让动作更流畅，建立更好的肌肉记忆。用一些小设备花个15~20分钟就可以练习这些项目。事实上，练习1和2不需要设备，自己就能练。如果你有一个瑞士球、一条弹力带、一条悬索、一条训练带或是一个山地车轮胎，你就可以将这些训练项目加到日常训练中去了，它们可以作为每周的精确训练项目。因为身体在学习新技能的时候最好能多重复和用多种方法来练习，精确练习每个部位的时候不要只做一种练习，但是要将每一种练习一次又一次地重复做。

表10.1 跑步重塑训练项目

	精确度	运动表现 》力量	运动表现 》爆发力
目标	控制身体移动以获得更好的耐久性	增强发力能力	增加发力速度
以赛季为单位的训练时间	整个赛季	除了关键比赛前6周外的整个赛季	极限跑比赛前的6周
每周训练时间	在跑步或非跑步日，也可以作为动态热身训练	要么是在间隔训练的前一天或是在间隔训练当天训练之前，要么在间隔训练后至少48小时	要么是在间隔训练的前一天或是在间隔训练当天训练之前，要么在间隔训练后至少48小时
频率	每周1~2次	每周1~2次	每周1次
强度	低强度，可促进恢复	高强度	高强度但是运动量小一些
特别提示	无改变	保持强度，但是在一个实战比赛之前的那周减少一半运动量。如果是关键比赛前的6周训练，调整为爆发力训练	保持高强度训练，极限跑比赛前2周将运动量减掉一半，比赛日前96小时停止训练

- 精确训练的最佳时机是在跑步之前，可以将其作为动态热身运动。通过刻意练习在跑步前启动肌肉是帮助你在跑步时用肌肉发力的最好方法。
- 有证据表明，精确训练可以切实地在每周帮助你从更艰苦的训练中加速恢复。
- 如果你在跑步中或是训练中感到不适，但是你又想做点什么，那么就将一个精确练习做 2 次吧。

第 6 个训练项目，臀部跑训练，包括帮助跑步到建立臀部主导的控制模式。你会练习一个循环，然后再去跑步。在跑步总量为 3.25 英里的过程中将整个训练循环多次进行重复。要想这一天训练得不那么苦，特别是对于那些被不能启动臀肌所困扰的跑步者来说，这都是一个很好的选择。

运动表现训练

这些运动表现训练是根据超负荷、特异性和可变性的原则来设计的。这些练习结合三个不同的目标引出身体的三种不同反应。

训练项目 7 ~ 10 起到建立一般的力量和肌肉募集的作用。这就是你的训练目的。当进入到第 10 个训练项目时，这些练习将变得更具挑战性。如果你是举重的新手，至少在进行 11 ~ 14 的训练前 3 个月就要去交替进行这些练习了。你会需要更高的力量基线去从其他练习中获得正确的刺激。如果想增加训练强度，将重量加大。

训练项目 11 ~ 12 是综合训练。即便这些训练的运动量不是特别大，但是需要你的身体将力量练习和增强式运动结合起来。要想增加训练强度，试着加一些重量，但是与此同时也要增加运动速度。这种训练是有回报的，但是在赛季的某一特定时间内有效。

训练项目 13 ~ 15 能够改善你向地面的爆发力。第 13 和第 14 个训练项目利用自身体重或是中等重量的负荷练习，但是强调的是速度和爆发力。第 15 个训练项目只用到药球去帮助你特意改善水平力的应用问题。这些练习也是十分有趣的。因为运动负荷很小，甚至新手用它来练习运动速度也是非常安全的。

运动表现训练的时间是大约 45 分钟。练习时间和两组动作之间的休息时间都算在内。但是和别人闲聊的时间还有在社交媒体上发布自己锻炼照片的时间是不算的。必须承认的是，做不熟悉的运动会花费更长的时间。如果你是这种情况，一开始的几组练习可适当减量，并且要更加专注一些。和精确训练不同，这部分练习会产生疲劳感，还有可能会影响跑步。在运动表现训练的时间之外至少要留出48小时再进行关键跑步练习计划。

在训练中留出调整周是很必要的。不同的教练有不同的安排。典型的训练安排包括较高强度、较大运动量的练习3周，接着第4周将训练强度降低来让身体恢复一下。跑步重塑计划将遵循相同的时间表：运动表现训练每到第4周就休息一下，但是继续进行精确训练。在关键比赛的前6周，每周进行一次体能训练。

整合你的跑步计划

有效的训练计划是分周期、分阶段地在整个赛季中的每一周进行各种类型的训练，以便于能够全面地击中各个需要改善的问题点，从而为比赛做好准备。当我们走路姿势僵硬的时候，我们的身体中有很多造成紧张的限制环节，强度小一些的训练可以作为身体恢复训练来进行。但是如果想要在锻炼中获得超级的回报，或是想要在关键比赛中取得好成绩需每一项训练都起作用。因为改变力量和身体条件的过程是一个生理发展的过程，是有一定周期性的。

任何活动的过程都包括频率、强度和持续时间。每项练习计划都会将强度和持续时间纳入其中，并去除不切合实际的内容。但是你一定要知道全年中和每一周应如何去进行这些训练。

整体规划

技巧需要练习，正如我们的跑步训练需要持续进行一样，我们的跑步重塑计划也需要不间断的练习。为了改善你的动作精确性，建立更强的弹跳力，你需要在跑步练习的同时，每周练习2~3次重塑计划中的训练。在调整周，你只需进行1次精确练习就可以了。

- 在高负荷训练期（基础训练后期和比赛期），每周的跑步重塑计划包括2项精准练习和1项运动表现练习。每周练习时间总共是1.5小时。

- 在体适能和增肌训练期（通常是非赛季和基础训练前期阶段），每周跑步重塑计划包括 1 项精准练习和 2 项运动表现练习，每周练习时间总共是 2 小时。

- 如果时间有限，每周跑步重塑计划包括 1 项精准练习和 1 项运动表现练习，每周练习总时长为 70 分钟。

跑步的强度和相容性

在任意一周内，你的跑步训练通常分为三类：

有氧运动强度练习。这类训练可以将更多的血液输送到运动的肌肉处，还能在动用身体能量时提高身体的使用效率从而助力你的跑步。更足的氧气可以让你在动用强力的但会诱发疲劳的无氧代谢系统之前，以更高的强度跑得更久。我们进行的大多数训练都倾向于有氧运动。你进行运动表现练习的时间不受这些有氧运动的影响，至少在一定程度上。马拉松运动员和超跑运动员都会在长跑的过程中实行缓冲策略。长跑前 48 小时做一项运动表现练习是没问题的，但是要避免在长跑后 48 小时进行超过 2.5 小时的运动表现练习。

乳酸阈练习。乳酸背了个坏名声：但是从根本上它是你的朋友而不是敌人。当你需要大量能量供应时，它是你身体能量的来源。但是当你动用乳酸作为能量时，它会产生大量酸性的氢离子，这些氢离子是需要被清除出身体的。肌肉是不喜欢被肌酸充满的。乳酸阈训练的目的是帮助你将酸排出细胞之外，让你可以跑得更快、更长。要想跑出这样的效果，你要将强度控制在 7.5 ~ 10（最高等级为 10），时长可控制在 40 分钟以下。在跑步的 48 小时内，为不受过多打扰你不应该进行运动表现练习。

最大摄氧量/高强度间歇练习。当你迫使自己在有氧和无氧运动中达到极限时，生理上会产生一些奇妙的变化。但这不是靠做大量运动产生的变化。每周少于 20 分钟的训练时间应该就够了。无论是力量和体能改善的练习，还是跑步练习，每周练习的关键是要调节运动量保证你休息好，然后准备用最高的强度跑步（强度等级为 10，也就是最高）。

每周训练之间的时间

举重和跑步是互补的，与过去所宣扬的相反。但重要的是，这些练习可以形成合力，在合理的时间安排内达到更好的训练效果。在体能训练后的 48 小时内，你的身体会因为力量练习和能量练习感到非常酸痛，因此第二天感觉不舒服是很正常的。在最好的情况下，力量和增强式练习能够帮助激活肌肉。

好几项研究都表明，在跑步训练的同一天，跑步训练前进行一些举重练习确实能够改善跑步练习的质量。这就是为什么我会让我的优秀运动员们早上练习举重练习，吃早餐然后休息大约 1 个小时后再去完成他们的跑步训练。通常情况下，这是一周中比较难的训练，比较典型的包括间歇训练和乳酸阈训练。如果运动员的时间不允许做这些练习，那么在体能训练 48 小时之后再完成所有其他关键跑步练习。这样做可以防止在这周后续的练习中因为身体酸痛而不能完成艰苦的跑步练习。

大多数需要工作的人都没有这么多的空闲时间，但是这个原则对于他们同样适用。体能训练 48 小时后要坚持艰苦跑步练习，这样可以让你在重要的跑步中保持状态。但是如果腿部酸痛的话，慢一点，保持中等强度也是可以的。如果你在体能训练后一天或两天跑步，注意强度不要太大，因为这样肌肉的紧张感会比较弱，有利于身体主动恢复。

巩固大脑和身体的连接

我曾经听一个运动心理学家说过："你的思维方式决定你的运动方式。在心里想象和预先演练真的可以改善你的运动方式。"是的，心理意象是一种不可思议的力量，也是一个使用多年的强有力的工具，它能够帮助你做好准备，重塑你的肌肉记忆。但是从想象更好的运动到实际去练习达成更好的运动还是要再进一步的。

既然你已经准备好开始这个计划了，你的大脑和身体连接为了能更好地跑步正在重塑。当你相信你的训练结果并为比赛做好了准备时，你不必强迫自己用最佳的方式跑步。或是比这更糟的只是希望能够用最佳的方式跑步。你练习的每个新技巧融入并适应了你的神经系统，你能够更加灵活地运动了。你知道如何去进行精确运动，让你的身体在控制下自由活动。你可以支撑曾经能击垮你的承重负荷了，并且你知道如何在跑步的全过程保持一个完美有力的姿势了。现在你可以用大脑和身体完美连接的状态去重新定义一个跑者的极限了。

练习 → 可塑性 → 进步 = 涅槃重生

训练手册

精确练习和运动表现练习可以为你改善运动方式打下基础。加上贯穿全周的特殊跑步训练和指导,可以帮助稳固这些技巧并将之运用到跑步中去。这些快速有趣的练习是真实有效的,可以运用到跑步之前、之后,甚至是跑步的过程中。

在这个部分

精确步态练习	164
增强式跑步运动表现练习	168

▷ **精确步态练习**

检查姿势(POSTURE CHECK)

- 每跑1英里（约1600米）停下来单腿站立。
- 确保重量均匀地分布在每只脚的后脚跟和前脚掌之间。
- 如果重心在后脚跟，微微沉肋骨向下向前，直到感觉身体回正。然后手臂放在身体两侧，手掌朝前帮助肩胛骨沿后背向下向后。
- 维持这个姿势直到你再次起步。

精确步态练习

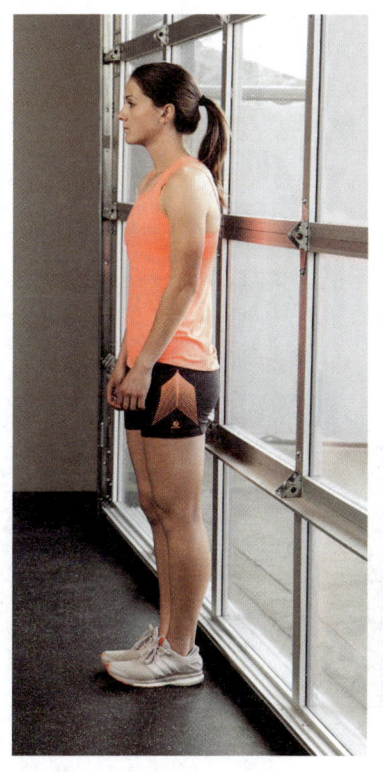 

推与拉 (PUSH VERSUS PULL)

- 背朝前站立（如左图），然后向前一步，感觉要将后脚踩向墙里从而推身体向前（如右图）。

- 跑步之前做1分钟这个练习，让身体熟悉被向前推（不是拉）的感觉。这个简单的动作可以帮你解锁髋关节形成强有力的步态。

不要拉

抵抗向上的趋势向前迈步，可以有效地将身体带离墙壁。

精确步态练习

推购物车练习(SHOPPING CART)

- 想象你要举办一个有50位亲密朋友参加的聚会。你在杂货店里,推着一辆购物车,里面装着300磅的食物。要想推动这辆车你不仅要抬起脚往前走,还得蹬后腿用力向前走。
- 为了获得更好的推进力,想象自己正推着这辆车沿着路往前跑。

肘戳练习(ELBOW JAB)

面朝墙或树，在距离其几英寸的地方站好。

- 现在摆动手臂，你会迅速明白你不能将手臂向前摆动太多。
- 将注意力放在将手臂向后大幅摆动上，想象自己正在试图用手肘去戳后面的跑步者。将手臂向后摆动，然后放松让重力带着手臂向下摆回来。

不要向外摆动手臂

我们想让手臂在腿以上摆动，以平衡躯干。大多数跑步者都会将手臂过分地向前摆动，这样就限制了手臂的运动。我们并不是用手臂跑步，这项训练帮助你用更紧凑的方式跑步，以改善身体的姿势。

精确步态练习

增强式跑步运动表现练习

▷ 增强式跑步
　运动表现练习

翻转 & 俯卧撑式冲刺
(FLIP FLOP & PUSH-UP SPRINTS)

　　这项训练是将身体的协调和加速配合起来。

- 仰卧的姿势开始，一旦感觉到了放松，翻身进入向前冲的姿势，然后立刻加速做20米全力冲刺。
- 每次冲刺跑之间休息2分钟，将这组动作重复6次。

斜坡冲刺(INCLINE SPRINTS)

跑坡道有助于提示你跑步的正确姿势。进行这项练习时，在一个微斜的坡道上（坡度为2%~4%）进行30米全力冲刺。两次冲刺跑之间休息2.5分钟。休息是很重要的，能够确保你在每次冲刺的时候都跑出最快的速度，所以一定要休息够时间。我们的目标是将整组动作重复做4~6次。

跳楼梯(STAIR BOUNDS)

你可以在体育场或是任何有几阶楼梯的地方做这个练习。双腿起跳、着地，用爆发力向上向前跳楼梯12秒。做5组，每组之间至少休息90秒。你可以一阶一阶地向上连着跳，也可以隔着台阶跳，但是脚着地的时间要尽可能的短。如果隔着台阶跳时有双弹跳的现象，那么还是逐阶快速向上跳。

其他增强式跑步运动表现练习

忍者蹲跳和立卧撑跳（146页，150页）也可以被加入到跑步练习中去。这两个练习可以将募集的肌肉纤维整合。用野餐凳、石头或者倒了的树当箱子来练习忍者跳，做2~4组，每组6次。或是找一块草地穿插着做6组立卧撑跳。

精确训练

不要将这些锻炼当成日常健身而忽视它们的重要性。要通过全方位的运动去习得运动技巧。在一个循环内,每项练习之间要休息35~45秒。

在这部分中

1 核心练习循环	172
2 臀部练习循环	175
3 训练带练习循环	179
4 悬索练习循环	183
5 球类练习循环	186
6 臀部跑步练习	189

1 核心练习循环

时间：15～20分钟
器械：无

3组

臀部鸽式伸展 每侧10次

后抬腿练习 每条腿做20次，换腿做

倾斜扭转 每侧8次

青蛙桥式练习 20次

熊式爬 向前后各走20步

横向障碍跳 20次

立卧撑跳 10次

3组

1

臀部鸽式伸展 每侧10次 (P. 98)

2

后抬腿练习 每条腿做20次，交替做 (P. 59)

3

倾斜扭转 每侧8次 (P. 84)

4

青蛙桥式练习 20次 (P. 99)

5

熊式爬 向前后各走20步 (P. 60)

1 核心练习循环

6

横向障碍跳　20 次　　　　　　　　　　　　　　　　　　　　(P. 148)

7

立卧撑跳　10 次　　　　　　　　　　　　　　　　　　　　　(P. 150)

时间：15~20分钟
器械：无

臀部练习循环 2

2组

战士式扭转　每条腿做10次

臀部疾走练习　每侧做20次

臀部鸽式伸展　每侧做10次

彩虹式臀肌练习　每侧10次

站立式髋关节画圈练习　每侧5次

倾斜扭转　每侧8次

立卧撑跳　10次

青蛙桥式练习　25次

横向障碍跳　20次

2组

1

战士式扭转　每条腿做10次　　　　　　　　　　　(P. 63)

2

臀部疾走练习　每侧做20次　　　　　　　　　　　(P. 67)

精确训练 | 175

2 臀部练习循环

3

臀部鸽式伸展 每侧做10次 (P. 98)

4

彩虹式臀肌练习 每侧10次 (P. 72)

5

站立式髋关节画圈练习 每侧5次 (P. 74)

臀部练习循环

6

倾斜扭转　每侧8次　　　　　　　　　　　　　　　　　　　(P. 84)

7

立卧撑跳　10次　　　　　　　　　　　　　　　　　　　　(P. 150)

8

青蛙桥式练习　25次　　　　　　　　　　　　　　　　　　(P. 99)

2 臀部练习循环

9

横向障碍跳　20次　　　　　　　　　　　　　　　　　　　　　　(P. 148)

时间：15～20分钟
器械：弹力带，训练带

训练带练习循环 3

弹力带手臂环绕练习　20次

弹力带拉开练习　20次

循环练习　2组

训练带手臂伸直下蹲　每侧10次

髋部系带扭转　每侧20次

熊式爬　向前后各30步

训练带牵引练习　每侧10次

穿针式平板支撑　每侧20次

脚部转动练习　30次

弹力带手臂环绕练习　20次

弹力带拉开练习　20次

1

弹力带手臂环绕练习　20次　　　　　　　　　　　　　　　　(P. 47)

2

弹力带拉开练习　20次　　　　　　　　　　　　　　　　　　(P. 48)

精确训练 | 179

3

训练带练习循环

练习3～7做2组循环

3

训练带手臂伸直下蹲 每侧10次 (P. 70)

4

髋部系带扭转 每侧20次 (P. 73)

5

熊式爬 向前后各30步 (P. 60)

6

训练带牵引练习 每侧10次 (P. 105)

7

穿针式平板支撑 每侧20次 (P. 69)

8

 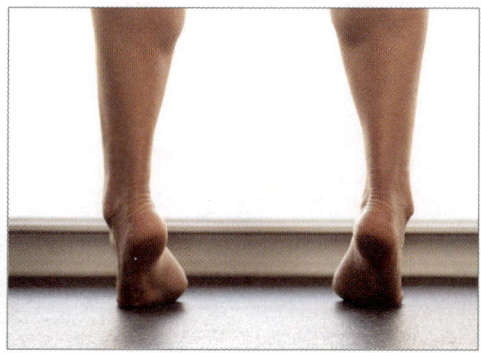

脚部转动练习 30次 (P. 86)

3 训练带练习循环

9

弹力带手臂环绕练习　20 次　　　　　　　　　　(P. 47)

10

弹力带拉开练习　20 次　　　　　　　　　　(P. 48)

悬索练习循环 4

时间：15～20分钟
器械：吊索/悬索架

2组

悬吊内收肌练习　每侧8次

悬吊外展肌练习　每侧8次

烤鸡式扭转　每条腿8次

悬吊前伸　8次

悬吊俯卧撑　8次

悬吊后弓步　每条腿8次

悬吊斜上拉　8次

悬吊手枪式下蹲　每条腿8次

2组

1

悬吊内收肌练习　每侧8次 (P. 97)

2

悬吊外展肌练习　每侧8次 (P. 96)

精确训练 | 183

4

悬索练习循环

3

烤鸡式扭转 每条腿8次 (P. 76)

4

悬吊前伸 8次 (P. 58)

5

悬吊俯卧撑 8次 (P. 139)

6

悬吊后弓步 每条腿8次 (P. 107)

7

悬吊斜上拉 8次 (P. 136)

8

悬吊手枪式下蹲 每条腿8次 (P. 108)

5 球类练习循环

时间：15～18分钟
器械：瑞士球

3组

战士式扭转　每条腿10次

瑞士球桥式扭转　20次

后抬腿练习　每条腿10次，交替做

超级瑞士球侧平板式　每侧10次

瑞士球大象式扭转　每侧10次

瑞士球弯腿向上挺身　8次

俯卧撑　10次

脚部转动练习　30次

3组

1

战士式扭转　每条腿10次　(P. 63)

2

瑞士球桥式扭转　20次　(P. 65)

3

后抬腿练习 每条腿10次，换腿做 (试着在瑞士球上做这个动作) (P. 59)

4

超级瑞士球侧平板式 每条腿10次 (P. 68)

5

瑞士球大象式扭转 每侧10次 (P. 66)

5 球类练习循环

6

瑞士球弯腿向上挺身　8次　(P. 103)

7

俯卧撑　10次 (尽量将脚放在瑞士球上)　(P. 138)

8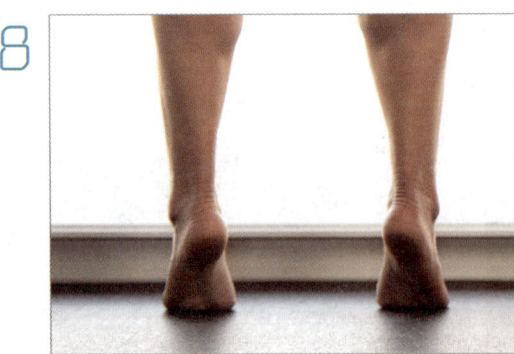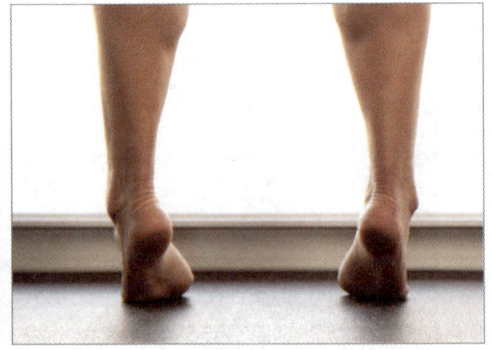

脚部转动练习　30次　(P. 86)

时间：30～45分钟　　　　　　　　　　　　　　　　　　　　　　　**臀部跑练习**　6
器械：训练带

热身运动
- 放松跑半英里

臀部系列运动
跪式训练带硬拉　10次
训练带牵引练习　每侧8次
训练带臀部拉伸练习　每侧8次
战士式扭转　每条腿做8次

两次跑步之间重复臀部系列运动。
- 放松跑0.25英里（约400米）。
- 跑0.25英里，速度慢慢升至最快速度的80%。
- 跑0.25英里，速度慢慢升至最快速度的90%。
- 放松跑1英里（约1600米），6×10秒，速度飙升至初始速度的80%。
- 放松跑1英里，6×10秒，速度飙升至初始速度的80%。

- 变速时注意保持姿势，这更是一个神经肌肉的训练。

热身运动
- 放松跑半英里（约800米），然后做臀部系列运动——时间为2～3分钟。

臀部系列运动

1

跪式训练带硬拉　10次　　　　　　　　　　　　　　　(P. 104)

2

训练带牵引练习　每侧8次　　　　　　　　　　　　　　(P. 105)

精确训练 | 189

6

臀部跑练习

3

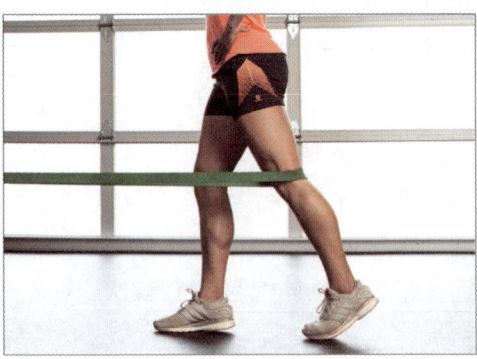

训练带臀部拉拽练习　每侧8次　　　　　　　　　　　　　　　(P. 106)

4

战士式扭转　每条腿做8次　　　　　　　　　　　　　　　　(P. 63)

- 放松跑0.25英里，重复臀部系列运动。
- 跑0.25英里，速度慢慢升至最快速度的80%，重复臀部系列练习。
- 跑0.25英里，速度慢慢升至最快速度的90%，重复臀部系列练习。
- 放松跑1英里，6×10秒。速度飚升至初始速度的80%，重复臀部系列练习。
- 放松跑1英里，6×10秒。速度飚升至初始速度的80%。

运动表现&力量训练

运动表现训练指南

- 如果你从未做过力量训练，循环做训练项目7~10和训练项目15，至少练习3个月来建立基础能力。

- 如果你有举重经验，从项目7~15之中选择练习。注意项目11和12是很耗费体力的，如果跑步运动量大或是强度高的话，就不要做这两项了。

- 在11~14天内进行一次前面提到的极限跑，然后继续运动表现训练，但是将运动量减至一半。（目的是保持合适的运动配置，减少运动量时保持运动强度。研究表明发力速率的训练是很好的互补运动。）

在这部分中

7	运动表现准备练习	192
8	单腿注意力练习	198
9	水平力量练习	202
10	垂直力量练习	206
11	综合练习A	211
12	综合练习B	216

7 运动表现准备练习

时间：45分钟
器械：健身所需器材

热身运动
篮球胸椎灵活性练习　2分钟
弹力带手臂环绕练习　20次
弹力带拉开练习　20次
头顶抓举　1分钟
熊式爬　向前后各30步
椅子辅助下蹲　25次
体操棍辅助的单腿硬拉　25次

主体练习
壶铃下蹲　20次
地雷式单腿硬拉　每侧3×8次
深蹲　3×8次
壶铃挥摆练习　3×12次
俯卧撑　10×3次
提箱行走　每侧提4×30秒，休息45秒

脚部转动练习　30次
战士式扭转　每条腿做10次

热身运动

■ 两次热身练习之间休息30秒。

1

篮球胸椎灵活性练习　2分钟　　　(P. 43)

2

弹力带手臂环绕练习　20次　　　(P. 47)

192　|　重塑跑步计划

运动表现准备练习

3

弹力带拉开练习　20 次　　　　　　　　　　　　　　　　　　(P. 48)

4

头顶抓举　1分钟　　　　　　　　　　　　　　　　　　　　　(P. 46)

5

熊式爬　向前后各30步　　　　　　　　　　　　　　　　　　(P. 60)

运动表现准备练习

6

椅子辅助下蹲　25 次　　　　　　　　　　　　　　　　　　　(P. 100)

7

体操棍辅助的单腿硬拉　25 次　　　　　　　　　　　　　　　(P. 102)

主体动作

■ 针对练习 8 ~ 15，除非重新开始，否则两个练习之间休息90秒。

8

壶铃下蹲　20次　　　　　　　　　　　　　　　　　　　　　　　　　(P. 132)

9

地雷式单腿硬拉　每侧3 × 8次　　　　　　　　　　　　　　　　　　(P. 127)

10

深蹲　3 × 8次(身后放一个凳子去引导下蹲深度)　　　　　　　　　　(P. 134)

运动表现准备练习

11

壶铃挥摆练习　3 × 12次　　　　　　　　　　　　　　　　(P. 131)

12

俯卧撑　10 × 3次　　　　　　　　　　　　　　　　(P. 138)

13

提箱行走　每侧提4 × 30秒，休息45秒　　　　　　　　　　(P. 141)

7 运动表现准备练习

14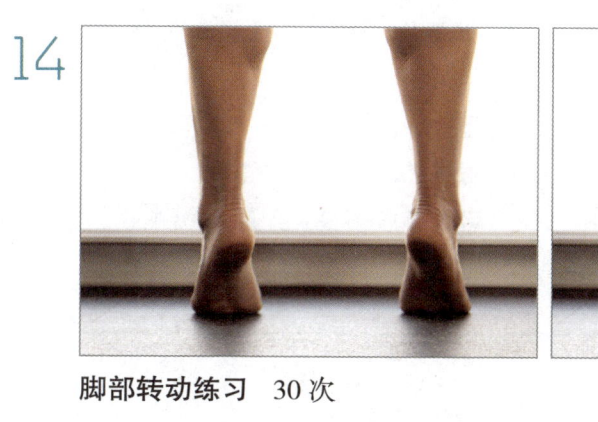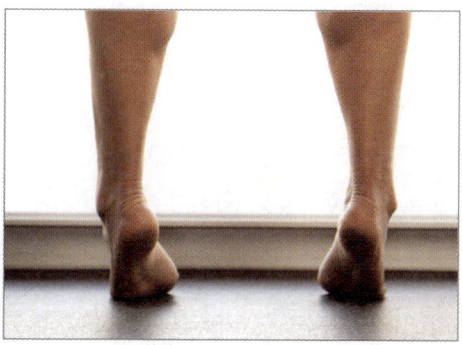

脚部转动练习 30 次 (P. 86)

15

战士式扭转 每条腿做10次 (P. 63)

8 单腿注意力练习

时间：45分钟
器械：健身所需器材

热身

药球扭转　80次
超级瑞士球侧平板式　每侧25次
训练带手臂伸直下蹲　每侧20次
后抬腿练习　2分钟，换腿做
悬吊斜上拉　2 × 10次

主体练习

地雷式单腿硬拉　3 × 8次/侧
分腿蹲　3 × 8次/侧
壶铃挥摆练习　3 × 12次
臀推练习　3 × 8次
弓箭手压桥式　2 × 8次/侧
服务员式行走　2次 × 30秒/侧

热身

■ 每项热身练习之间休息30秒。

1

药球扭转　80次　　　　　　　　　　　　　　　　(P. 64)

2

超级瑞士球侧平板式　每侧25次　　　　　　　　(P. 68)

3

训练带手臂伸直下蹲　每侧20次　　　　　　　　　　　　　　　　　　　　　　　(P. 70)

4

后抬腿练习　2分钟，换腿做　　　　　　　　　　　　　　　　　　　　　　　　(P. 59)

5

悬吊斜上拉　2 × 10次　　　　　　　　　　　　　　　　　　　　　　　　　　　(P. 57)

8

单腿注意力练习

主体动作

■ 针对练习6~11，除非另有说明，否则两项练习之间休息90秒。

6

地雷式单腿硬拉　3 × 8次/侧　　　　　　　　　　　　　　　　　(P. 127)

7

分腿蹲　3 × 8次/侧　　　　　　　　　　　　　　　　　(P. 133)

8

壶铃挥摆练习　3 × 12次　　　　　　　　　　　　　　　　　(P. 131)

8 单腿注意力练习

9

臀推练习　3 × 8 次　　　　　　　　　　　　　　　　　　　　(P. 130)

10

弓箭手压桥式　2 × 8 次/侧　　　　　　　　　　　　　　　　(P. 137)

11

服务员式行走　2 次 × 30 秒/侧　　　　　　　　　　　　　　(P. 140)

9 水平力量练习

时间：45分钟
器械：健身所需器材

热身运动

训练带手臂伸直下蹲　20次/侧
穿针式平板支撑　20次/侧

主体练习

悬挂式脊柱扭转　40次
罗马尼亚硬拉　3×8次

分腿跳箱　每条腿10次，换腿做
壶铃挥摆练习　3×8次
弓箭手压桥式　2×8次/侧
单腿肩上举练习　2×8次/侧
农夫式提重物练习　3×40秒（走）
臀推练习　3×8次

热身运动

■ 两项热身练习之间休息30秒。

1

训练带手臂伸直下蹲　每侧做20次　　　　　　　　　　(P. 70)

2

穿针式平板支撑　每侧做20次　　　　　　　　　　(P. 69)

主体动作

■ 针对练习3~10，除非另有说明，否则两次练习之间休息90秒。

3

悬挂式脊柱扭转　40次　　　　　　　　　　　　　　　　　　(P. 71)

4

罗马尼亚硬拉　3×8次　　　　　　　　　　　　　　　　　　(P. 128)

5

分腿跳箱　每条腿做10次，换腿做　　　　　　　　　　　　　(P. 149)

9 水平力量练习

6　壶铃挥摆练习　3 × 8次　(P. 131)

7　弓箭手压桥式　2 × 8次/侧　(P. 137)

8　单腿肩上举练习　2 × 8次/侧　(P. 83)

9 水平力量练习

农夫式提重物练习 3 × 40秒（走） (P. 142)

臀推练习 3 × 8次 (P. 130)

10 垂直力量练习

时间：45分钟
器械：健身所需器材

热身运动

药球扭转　80次

壶铃下蹲　12次

悬吊前伸　20次

熊式爬　向前后各30步

分腿蹲　每条腿做10次

主体练习

深蹲　3 × 8次

悬吊斜上拉　2 × 12次

立卧撑跳　8次

地雷式单腿硬拉　2 × 8次/侧

箱形蹲跳　3 × 5次

提箱行走　4次 × 30秒/侧

瑞士球弯腿向上挺身　3 × 10次

热身运动

■ 两项热身练习之间休息30秒。

1

药球扭转　80次　　　　　　　　　　　　　　(P. 64)

2

壶铃下蹲　12次　　　　　　　　　　　　　　(P. 132)

垂直力量练习

3

悬吊前伸 20次 (P. 58)

4

熊式爬 向前后各走30步 (P. 60)

5

分腿蹲 每条腿做10次 (P. 133)

10

主体练习

垂直力量练习

■ 针对练习 6~12，除非重新开始，否则两次练习之间休息90秒。

6

深蹲　3 × 8次　　　　　　　　　　　　　　　　　　　　　　　(P. 134)

7

悬吊斜上拉　2 × 12次　　　　　　　　　　　　　　　　　　　(P. 136)

8

立卧撑跳　8次　　　　　　　　　　　　　　　　　　　　　　(P. 150)

9

地雷式单腿硬拉　2 × 8 次/侧　　　　　　　　　　　　　　(P. 127)

10

箱形蹲跳　3 × 5 次　　　　　　　　　　　　　　　　　　(P. 147)

11

提箱行走　4次 × 30秒 /侧　　　　　　　　　　　　　　　(P. 141)

10 垂直力量练习

12

瑞士球弯腿向上挺身　3 × 10次　　　　　　　　　　　　　　　　　(P. 103)

时间：45分钟
器械：健身所需器材

综合练习A 11

热身运动
战士式扭转　每条腿做10次
超级瑞士球侧平板式　25次
穿针式平板撑　每侧做12次
悬吊斜上拉　2 × 10次

复合动作第一套　4组
壶铃下蹲　6次
罗马尼亚硬拉　8次
横向障碍跳　20次，然后休息1分钟

忍者蹲跳　3 × 6次

复合动作第二套　3组
地雷式单腿硬拉　8次/侧
壶铃挥摆练习　10次
分腿跳箱　5次/侧，然后休息1分钟

悬吊前伸　20次
悬吊后弓步　2 × 8次/侧

热身运动

■ 两次热身练习之间休息30秒。

1

战士式扭转　每条腿做10次　　　　　　　　　　　　（P. 63）

2

超级瑞士球侧平板式　每侧做25次　　　　　　　　　（P. 68）

综合练习A

3

穿引式平板撑　每侧做12次　　　　　　　　　　　　　　　　　　　(P. 69)

4

悬吊斜上拉　2 × 10次　　　　　　　　　　　　　　　　　　　　　(P. 57)

复合练习第一套　将练习5～7做4组

■针对练习5～13，除非另有说明，否则两次练习之间休息90秒。

5

壶铃下蹲　6次　　　　　　　　　　　　　　　　　　　　　　　　(P. 132)

6

罗马尼亚硬拉　8次 (P. 128)

7

横向障碍跳　20次，然后休息1分钟。 (P. 148)

8

忍者蹲跳　3×6次 (P. 146)

综合练习A

复合练习第二套　将练习9～11做3轮

9

地雷式单腿硬拉　每侧做8次　　　　　　　　　　　　（P. 127）

10

壶铃挥摆练习　10次　　　　　　　　　　　　　　　　（P. 131）

11

分腿跳箱　每侧做5次,然后休息1分钟。　　　　　　　（P. 149）

综合练习A

12

悬吊前伸　20次 (P. 58)

13

悬吊后弓步　2 × 8次/侧 (P. 107)

12 综合练习B

时间：45分钟
器械：健身所需器材

热身运动

药球扭转　80次
瑞士球大象式扭转　3 × 30秒
后抬腿练习　2分钟，换腿做
弹力带手臂环绕　20次
弹力带拉开练习　20次

复合动作第一套　3组

罗马尼亚硬拉　6次，休息30秒
箱形蹲跳　6次，休息90秒

复合动作第二套　3组

分腿蹲　每侧做6次，休息30秒
忍者蹲跳　6次，休息1分钟

壶铃挥摆练习　2 × 10次
弓箭手压桥式　2 × 8次/侧
服务员式行走　2 × 30秒/侧
弹力带提臀　3 × 30秒/侧，中间有10次开合跳

热身运动

■ 两次热身运动之间休息30秒。

1

药球扭转　80次　(P. 64)

2

瑞士球大象式扭转　3 × 30秒　(P. 66)

综合练习B 12

3 后抬腿练习　2分钟，换腿做　(P. 59)

4 弹力带手臂环绕练习　20次　(P. 47)

5 弹力带拉开练习　20次　(P. 48)

12

综合练习B

复合练习第一套　将练习6～7做3组

6

罗马尼亚硬拉　6次,休息30秒。　　　　　　　　　　　　　　　　　　(P. 128)

7

箱形蹲跳　6次,休息90秒。　　　　　　　　　　　　　　　　　　　(P. 147)

复合练习第二套　练习8～9做3组

8

分腿蹲　每侧做6次,休息30秒。　　　　　　　　　　　　　　　　　(P. 133)

综合练习B

9

忍者蹲跳　做6次，休息1分钟。　　　　　　　　　　　　　　　　(P. 146)

10

壶铃挥摆练习　2 × 10次　　　　　　　　　　　　　　　　　　　(P. 131)

11

弓箭手压桥式　2 × 8次/侧　　　　　　　　　　　　　　　　　　(P. 137)

综合练习B

12

服务员式行走 2 × 30秒/侧 (P. 140)

13

弹力带提臀 3 × 30秒/侧，10次为一间隔 (P. 94)

运动表现&爆发力训练

最好在距赛季的极限跑大约6周的时间内循环进行爆发力训练。

在这部分中

13　爆发力练习 A	222
14　爆发力练习 B	226
15　强力球练习	230

13 爆发力练习A

时间：45分钟
器械：健身所需

热身运动

训练带手臂伸直下蹲　每侧做20次
悬挂式脊柱扭转　每侧做25次
瑞士球大象式扭转　3 × 30 秒

箱形蹲跳　3 × 4 次
分腿跳箱　每侧做5次

爆发力速度成套练习

■ 以最大重量的40%做以下三组拉举
罗马尼亚硬拉　3 × 5 次
哑铃推举练习　3 × 4 次/侧
臀推练习　3 × 6 次

俯卧撑　3 × 6 次
战士式扭转　每条腿做10次

热身运动

1

训练带手臂伸直下蹲　每侧做20次　　　　　　　　　　　（P. 70）

2

悬挂式脊柱扭转　每侧做25次　　　　　　　　　　　　　（P. 71）

爆发力练习A

3

瑞士球大象式扭转　3 × 30秒。　　　　　　　　　　　　　　　　　　(P. 66)

4

箱形蹲跳　3 × 4次　　　　　　　　　　　　　　　　　　　　　　　(P. 147)

5

分腿跳箱　每侧5次　　　　　　　　　　　　　　　　　　　　　　　(P. 149)

13

爆发力练习A

能量速度成套练习

■ 以最大重量的40%做三组拉举练习。

6

罗马尼亚硬拉 3 × 5次：倒数两个数，用爆发力上举 (P. 128)

7

哑铃推举练习 3 × 4次/侧：双臂下沉，用爆发力上举 (P. 145)

8

臀推练习 3 × 6次：用爆发力上推 (P. 130)

224 | 重塑跑步计划

爆发力练习A

9

俯卧撑 3×6次：用爆发力将身体推起，拍掌 (P. 138)

10

战士式扭转 每条腿做10次 (P. 63)

14 爆发力练习B

时间：45分钟
器械：健身所需器械

热身运动

臀部疾走练习　3 × 10次
彩虹式臀肌练习　每侧做5次
站立髋关节画圈练习　每侧5次
跪式训练带硬拉　30次
训练带牵引练习　每侧做8次
哑铃推举练习　3 × 5次/侧

复合动作5组

深蹲　5次，用40%的最大负荷，休息30秒
箱形蹲跳　3次，休息90秒

壶铃挥摆练习　3 × 6次
立卧撑跳　6次
悬吊后弓步　每条腿做8次

热身运动

1

臀部疾走练习　3 × 10次　　　　　　　　　　　(P. 67)

2

彩虹式臀肌练习　每侧做5次　　　　　　　　　(P. 72)

226 ｜ 重塑跑步计划

爆发力练习B

3

站立髋关节画圈练习 每侧做5次 (P. 74)

4

跪式训练带硬拉 30次 (P. 104)

5

训练带牵引练习 每侧做8次 (P. 105)

14

爆发力练习B

6 哑铃推举练习　3 × 5次/侧　　　　　　　　　　　　　　　　　　　　　　(P. 145)

复合动作　将练习7~8做5组

7 深蹲　5次 最大负荷的40%，休息30秒；举着杠铃倒数2个数，用爆发力上举　(P. 134)

8 箱形蹲跳　3次, 休息90秒　　　　　　　　　　　　　　　　　　　　　　(P. 147)

9 壶铃挥摆练习 3 × 6次 (P. 131)

10 立卧撑跳 6次 (P. 150)

11 悬吊后弓步 每条腿做8次 (P. 107)

15 强力球练习

时间：45分钟
器械：药球

热身运动
- 轻松跑5分钟。

药球扭转　40次

主体练习
- 每个练习做3组，开始下个练习之前休息1分钟。

N形扭转投球　投3 × 8次
投球三连跳　3 × 2次
投球加速冲刺　3 × 2次
药球上推训练　投3 × 5次
祖母式投球　投3 × 5次

热身运动

- 轻松跑5分钟。

1

药球扭转　40次　　　　　　　　　　　　　　　　(P. 64)

主体练习

- 每个练习做3组，开始下个练习之前休息1分钟。

2

N形扭转投球　投3 × 8次　　　　　　　　　　　　(P. 154)

230 | 重塑跑步计划

强力球练习

3

投球三连跳　3 × 2 次　　　　　　　　　　　　　　　　　(P. 155)

4

投球加速冲刺　3 × 2 次　　　　　　　　　　　　　　　　(P. 156)

5

药球上推训练　投3 × 5 次　　　　　　　　　　　　　　　(P. 152)

15 强力球练习

祖母式投球　投 3 × 5 次　　　　　　　　　　　　　　　(P. 153)

致谢

我父亲曾经告诉我:"你应该追求你的写作梦想。"那时,我并不清楚该怎么去追求这个梦想。我不知道该如何寻找写作机会,也不知道该写些什么和能不能写好。但是父亲的这个建议一直在我头脑中挥之不去。爸爸,感谢您的激励。

我还想感谢罗恩·史密斯博士、罗伯特·罗维博士,还有已故的戴维·帕理泽博士。你们在我学习期间开拓了我的思维。你们不仅把我当成学生,还塑造了我的职业观,让我知道我想成为什么样的老师和医生。我想感谢的还有大学时的解剖学老师。曾有一段时间我讨厌上您的课,这门课甚至让我怀疑我的职业选择是否正确。但是这门课的学习经历让我明白,学习不仅是每分钟草草地简单记个 200 字的笔记。多年后,当我教授解剖学和其他课程时,我希望让我的学生知道,临床科学是引人入胜的、创新的、实用的,也是有趣的。感谢我的教授们,感谢你们对学术的热情。

我欠凯西·科里根博士、鲍勃·王尔德博士以及詹姆斯·迈尔斯一个决定,这是我整个运动医学职业生涯中最激进的一个决定。我启动了弗吉尼亚大学的

"速度诊所"项目，这个项目是利用生物力学的研究去解决运动员的耐力问题。在和乌戈·黛拉·克罗齐博士、埃里克·玛格罗姆博士、杰伊·艾太尔博士、加布里尔·保利尼博士、杰森·弗朗斯博士、科里·瑞恩德斯博士，还有已故的吉姆·毕再尔（一位来自于美国和海外的研究机构的合作负责人）一起工作后，我彻底地改变了以前的很多想法。我们通过不断提出问题挑战彼此的观点的方法，去找到更好的、针对运动员的干预。感谢 REP 实验室、反弹物理疗法和 BOSS 运动表现项目，你们的配合让我们得以实现了梦想，并得出一套完整的结论，有了这些我们才能去帮助每个运动员发挥出潜力。这个经历让我形成了针对康复和运动表现的训练方法，并且帮助我建立了《重塑跑步计划》的基础。

是你们做的这一切促使我写下了这本书。我想向雷尼·贾丁、卡拉·曼尼克斯、维姬·瑞德和韦洛出版社的全体工作人员致以诚挚的谢意。感谢杰夫·克拉克和灵维斯顿·麦克雷克为我们拍摄了这些照片。感谢模特杰恩·卢波克、梅尔·劳伦斯以及迈克尔·奥尔森为我们展示了这些动作和练习。

从一开始，我的编辑雷内就说："这本书的发行量一定好极了！"确实是的，非常感谢大家。

感谢所有的患者、运动员、教练、医生以及运动科学家们：感谢你们一直在提出问题。让我们一起关注这项研究，一起找出答案吧！

参考文献

基本原理

Chinn, L., J. Dicharry, J. Hart, J., S. Saliba, R. Wilder, and J. Hertel. "Gait Kinematics After Taping in Subjects with Chronic Ankle Instability." *Journal of Athletic Training* 49, 3 (May 2014): 322–330.

Chinn, L., J. Dicharry, and J. Hertel. "Ankle Kinematics of Individuals with Chronic Ankle Instability While Walking and Jogging on a Treadmill with Shoes." *Physical Therapy in Sport* 14, 4 (2013): 232–239.

Dicharry, J. *Anatomy for Runners: Unlocking Your Athletic Potential for Health, Speed, and Injury Prevention.* New York: Sky Horse Publishing, 2012.

———. "Clinical Gait Analysis." In Robert Wilder, Francis O'Connor, and Eric Magrum, *Running Medicine*, 2nd ed. Monterey, CA: Healthy Learning, 2014.

———. "Kinematics and Kinetics of Gait: From Lab to Clinic." *Clinical Sports Medicine* 29, 3 (July 2010): 347–364.

Dugan, S. A., and K. P. Bhat. "Biomechanics and Analysis of Running Gait." *Physical Medicine and Rehabilitation Clinics of North America* 16, 3 (August 2005): 603–621.

Fletcher, J. R., S. P. Esau, and B. R. MacIntosh. "Changes in Tendon Stiffness and Running Economy in Highly Trained Distance Runners." *European Journal of Applied Physiology* 110, 5 (November 2010): 1037–1046.

Herb, C. C., L. Chin, J. Dicharry, P. O. McKeon, J. Hart, and J. Hertel. "Shank-Rearfoot Coupling with Ankle Instability." *Journal of Applied Biomechanics* 30, 3 (June 2014): 366–372.

Hreljac, A. "Impact and Overuse Injuries in Runners." *Medicine and Science in Sports and Exercise* 36, 5 (May 2004): 845–859.

Hreljac, A., R. N. Marshall, and P. A. Hume. "Evaluation of Lower Extremity Overuse Injury Potential in Runners." *Medicine and Science in Sports and Exercise* 32, 9 (September 2000): 1635–1641.

Kerdok, A. E., A. A. Biewener, T. A., McMahon, P. G. Weyand, and H. M. Herr. "Energetics and Mechanics of Human Running on Surfaces of Different Stiffnesses." *Journal of Applied Physiology* 92, 2 (February 2002): 469–478.

Kerrigan, D. C., and U. Della Croce. "Gait Analysis." Pp. 126–130 in F. G. O'Conner, Robert Sallis, Robert Wilder, and Patrick St. Pierre, eds., *Sports Medicine: Just the Facts.* New York: McGraw Hill, 2004.

Kram, R. "Bouncing to Conclusions: Clear Evidence for the Metabolic Cost of Generating Muscular Force." *Journal of Applied Physiology* 110, 4 (April 1985): 865–866.

Kram, R., and C. R. Taylor. "Energetics of Running: A New Perspective." *Nature* 346 (July 19, 1990): 265–267.

Martin, P. E., and D. W. Morgan. "Biomechanical Considerations for Economical Walking and Running." *Medicine and Science in Sports and Exercise* 24, 4 (1992): 407–474.

Novacheck, T. F. "The Biomechanics of Running." *Gait and Posture* 7 (1998): 77–95.

Riley, P. O., J. Dicharry, J. Franz, U. D. Croce, R. P. Wilder, and D. C. Kerrigan. "A Kinematics and Kinetic Comparison of Overground and Treadmill Running." *Medicine and Science in Sports and Exercise* 40, 6 (June 2008): 1093–1100.

Riley, P. O., J. Franz, J. Dicharry, and D. C. Kerrigan. "Changes in Hip Joint Muscle-Tendon Lengths with Mode of Locomotion." *Gait and Posture* 31, 2 (February 2010): 279–283.

Roberts, T. J., R. L. Marsh, P. G. Weyand, and C. R. Taylor. "Muscular Force in Running Turkeys: The Economy of Minimizing Work." *Science* 275 (February 1997): 1113–1115.

Saunders, P. U., D. B. Pyne, R. D. Telford, and J. A. Hawley. "Factors Affecting Running Economy in Trained Distance Runners." *Sports Medicine* 34, 7 (2004): 465–485.

———. "Reliability and Variability of Running Economy in Elite Distance Runners." *Medicine and Science in Sports and Exercise* 36, 11 (November 2004): 1972–1976.

Telhan, G., J. R. Franz, J. Dicharry, R. P. Wilder, P. O. Riley, and D. C. Kerrigan. "Lower Limb Joint Kinetics During Moderately Sloped Running." *Journal of Athletic Training* 45, 1 (January/February 2010): 16–21.

Watt, J. R., J. Franz, K. Jackson, J. Dicharry, and D. C. Kerrigan. "A Three-Dimensional Kinematic and Kinetic Comparison of Over Ground and Treadmill Walking in Elderly Subjects." *Clinical Biomechanics* 25, 5 (June 2010): 444–449.

Zelik, K. E., and A. D. Kuo. "Human Walking Isn't All Hard Work: Evidence of Soft Tissue Contributions to Energy Dissipation and Return." *Journal of Experimental Biology* 213 (December 2010): 4257–4264.

跑步技巧

Biewener, A. A., C. T. Farley, T. J. Roberts, and M. Temaner. "Muscle Mechanical Advantage of Human Walking and Running: Implications for Energy Cost." *Journal of Applied Physiology* 97 (2004): 2266–2274.

Birrer, R.B., S. Buzermanis, M. P. DelaCorte, et al. "Biomechanics of Running." Pp. 11–19 in F. O'Connor and R. Wilder, eds., *The Textbook of Running Medicine.* New York: McGraw Hill, 2001.

Brown, A. M., R. A. Zifchock, and H. J. Hillstrom. "The Effects of Limb Dominance and Fatigue on Running

Biomechanics." *Gait and Posture* 39, 3 (March 2014): 915–919.

Crowell, H. P., and I. S. Davis. "Gait Retraining to Reduce Lower Extremity Loading in Runners." *Clinical Biomechanics* 26, 1 (January 2011): 78–83.

Crowell, H. P., C. E. Milner, J. Hamill, and I. S. Davis. "Reducing Impact Loading During Running with the Use of Real-Time Visual Feedback." *Journal of Orthopaedic and Sports Physical Therapy* 40, 4 (April 2010): 206–213.

Davis, I. 2005. "Gait Retraining in Runners." *Orthopaedic Practice* 17, 2: 8–13.

Dean, J. C., and A. D. Kuo. "Energetic Costs of Producing Muscle Work and Force in a Cyclical Human Bouncing Task." *Journal of Applied Physiology* 110, 4 (April 2011): 873–880.

Dicharry, J. *Anatomy for Runners: Unlocking Your Athletic Potential for Health, Speed, and Injury Prevention*. New York: Sky Horse Publishing, 2012.

———— "Clinical Gait Analysis." In Robert Wilder, Francis O'Connor, and Eric Magrum, *Running Medicine*, 2nd ed. Monterey, CA: Healthy Learning, 2014.

————. "Kinematics and Kinetics of Gait: From Lab to Clinic." *Clinical Sports Medicine* 29, 3 (July 2010): 347–364.

Dicharry, J., J. R. Franz, R. P. Wilder, P. O. Riley, and D. C. Kerrigan. "Differences in Static and Dynamic Measures in Evaluation of Talonavicular Mobility in Gait." *Journal of Orthopaedic and Sports Physical Therapy* 39, 8 (2009): 628–634.

Franz, J. R., K. W. Paylo, J. Dicharry, P. O. Riley, and D. C. Kerrigan. "Changes in the Coordination of Hip and Pelvis Kinematics with Mode of Locomotion." *Gait and Posture* 29, 3 (2009): 494–498.

Hart, J. M., D. C. Kerrigan, J. M. Fritz, E. N. Saliba, B. Gansneder, and C. D. Ingersoll. "Jogging Gait Kinetics Following Fatiguing Lumbar Paraspinal Exercise." *Journal of Electromyography and Kinesiology* 19, 6 (December 2009): 458–464.

Ireland, M. L. "The Female ACL: Why Is It More Prone to Injury?" *Orthopedic Clinics of North America* 33, 4 (October 2002): 637–651.

Ireland, M. L., and S. M. Ott. "Special Concerns of the Female Athlete." *Clinical Sports Medicine* 23, 2 (April 2004): 281–298.

Leetun, D. T., M. L. Ireland, J. D. Willson, B. T. Ballantyne, and I. M. Davis. "Core Stability Measures as Risk Factors for Lower Extremity Injury in Athletes." *Medicine and Science in Sports and Exercise* 36, 6 (June 2004): 926–934.

McCann, D. J., and B. K. Higginson. "Training to Maximize Economy of Motion in Running Gait." *Current Sports Medicine Reports* 7, 3 (May 2008): 158–162.

Milner, C. E., R. Ferber, C. D. Pollard, J. Hamill, and I. S. Davis. "Biomechanical Factors Associated with Tibial Stress Fracture in Female Runners." *Medicine and Science in Sports and Exercise* 38, 2 (February 2006): 323–328.

Milner, C. E., J. Hamil, and I. Davis. "Are Knee Mechanics During Early Stance Related to Tibial Stress Fracture in Runners?" *Clinical Biomechanics* 22, 6 (July 2007): 697–703.

Nigg, B. M. "The Role of Impact Forces and Foot Pronation: A New Paradigm." *Clinical Journal of Sports*

Medicine 11, 1 (January 2001): 2–9.

Noehren, B., J. Scholz, and I. Davis. "The Effect of Real-Time Gait Retraining on Hip Kinematics, Pain and Function in Subjects with Patellofemoral Pain Syndrome." *British Journal of Sports Medicine* 45, 9 (July 2011): 691–696.

Rendos, N. K., B. C. Harrison, J. Dicharry, L. D. Sauer, and J. M. Hart. "Sagittal Plane Kinematics During the Transition Run in Triathletes." *Journal of Science and Medicine in Sport* 16, 3 (May 2013): 259–265.

Souza, R. B., and C. M. Powers. "Differences in Hip Kinematics, Muscle Strength, and Muscle Activation Between Subjects with and without Patellofemoral Pain." *Journal of Orthopaedic and Sports Physical Therapy* 239, 1 (January 2009): 12–19.

———. "Predictors of Hip Internal Rotation During Running: An Evaluation of Hip Strength and Femoral Structure in Women with and without Patellofemoral Pain." *American Journal of Sports Medicine* 37, 3 (March 2009): 579–587.

Teng, H. L., and C. M. Powers. "Influence of Trunk Posture on Lower Extremity Energetics During Running." *Medicine and Science in Sports and Exercise* 47, 3 (March 2015): 625–630.

———. "Sagittal Plane Trunk Posture Influences Patellofemoral Joint Stress During Running." *Journal of Orthopaedic and Sports Physical Therapy* 44, 10 (October 2014): 785–792.

Teunissen, L., A. Grabowski, and R. Kram. "The Effects of Independently Altering Body Weight and Body Mass on the Metabolic Cost of Running." *Journal of Experimental Biology* 210 (2007): 4418–4427.

Watt, J. R., K. Jackson, J. R. Franz, J. Dicharry, J. Evans, and D. C. Kerrigan. "Effect of a Supervised Hip Flexor Stretching Program on Gait in Frail Elderly Patients." *PM & R: The Journal of Injury, Function, and Rehabilitation* 3, 4 (April 2011): 330–335.

Wright, S., and P. S. Weyland. "The Application of Ground Force Explains the Energetic Cost of Running Backward and Forward." *Journal of Experimental Biology* 204 (2001): 1805–1815.

Zifchock, R. A., I. Davis, and J. Hamill. "Kinetic Asymmetry in Female Runners with and without Retrospective Tibial Stress Fractures." *Journal of Biomechanics* 39, 15 (2006): 2792–2797.

力量训练

Berryman, N., D. B. Maurel, and R. Bosquet. "Effect of Plyometric vs. Dynamic Weight Training on the Energy Cost of Running." *Journal of Strength and Conditioning Research* 24 (2010): 1818–1825.

Creer, A. R., M. D. Ricard, R. K. Conlee, G. L. Hoyt, and A. C. Parcell. "Neural, Metabolic, and Performance Adaptations to Four Weeks of High Intensity Sprint-Interval Training in Trained Cyclists." *International Journal of Sports Medicine* 25, 2 (2004): 92–98.

DeWeese, B. H., G. Hornsby, M. Stone, and M. H. Stone. "The Training Process: Planning for Strength-Power Training in Track and Field. Part 1: Theoretical Aspects." *Journal of Sport and Health Science* 4, 4 (December 2015): 308–317.

———. "The Training Process: Planning for Strength-Power Training in Track and Field. Part 2: Practical and Applied Aspects." *Journal of Sport and Health Science* 4, 4 (December 2015): 318–324.

Dicharry, J. "Kinematics and Kinetics of Gait: From Lab to Clinic." *Clinical Sports Medicine* 29, 3 (July 2010): 347–364.

Dumke, C. L., C. M. Pfaffenroth, J. M. McBride, and G. O. McCauley. "Relationship Between Muscle Strength, Power and Stiffness and Running Economy in Trained Male Runners." *International Journal of Sports and Physiological Performance* 5, 2 (June 2010): 249–261.

Farley, C. T., and O. González. "Leg Stiffness and Stride Frequency in Human Running." *Journal of Biomechanics* 29, 2 (February 1996): 181–186.

Heiderschiet, B. C., E. S. Chomanov, M. P. Michalski, C. M. Wille, and M. B. Ryan. "Effects of Step Rate Manipulation on Joint Mechanics During Running." *Medicine and Science in Sports and Exercise* 43, 2 (February 2011): 296–302.

Hoff, J., J. Helgerud, and U. Wisloff. "Maximal Strength Training Improves Work Economy in Trained Female Cross-Country Skiers." *Medicine and Science in Sports and Exercise* 31, 6 (1999):870–877.

Iaia, F. "Speed Endurance Training Is a Powerful Stimulus for Physiological Adaptations and Performance Improvements of Athletes." *Scandinavian Journal of Medicine and Science in Sports* (October 2010): 11–23.

Lauersen, J. B., D. M. Bertelsen, and L. B. Andersen. "The Effectiveness of Exercise Interventions to Prevent Sports Injuries: A Systematic Review and Meta-analysis of Randomised Controlled Trials." *British Journal of Sports Medicine* 48, 11 (October 2013): 871–877.

Marcell, T., S. Hawkins, and R. Wiswell. "Leg Strength Declines with Advancing Age Despite Habitual Endurance Exercise in Active Older Adults." *Journal of Strength Conditioning Research* 28, 2 (February 2014): 504–513.

Mikkola, J., H. Rusko, A. Nummela, T. Pollari, and K. Häkkinen. "Concurrent Endurance and Explosive Type Strength Training Improves Neuromuscular and Anaerobic Characteristics in Young Distance Runners." *International Journal of Sports Medicine* 28, 7 (July 2007): 602–611.

Mikkola, J., V. Vesterinen, R. Taipale, B. Capostagno, K. Häkkinen, and A. Nummela. "Effect of Resistance Training Regimens on Treadmill Running and Neuromuscular Performance in Recreational Endurance Runners." *Journal of Sports Science* 29, 13 (October 2011): 1359–1371.

Paton, C. D., and W. G. Hopkins, "Combining Explosive and High-Resistance Training Improves Performance in Competitive Cyclists." *Journal of Strength and Conditioning Research* 19, 4 (2005): 826–830.

Ramírez-Campillo, R., et al. "Effects of Plyometric Training on Endurance and Explosive Strength Performance in Competitive Middle- and Long-Distance Runners." *Journal of Strength and Conditioning Research* 28 (2014): 97–104.

Saunders, P. U., D. B. Pyne, R. D. Telford, and J. A. Hawley. "Factors Affecting Running Economy in Trained Distance Runners." *Sports Medicine* 34, 7 (2004): 465–485.

Schache, A. G., T. W. Dorn, G. P. Williams, N. A. Brown, and M. G. Pandy. "Lower-Limb Muscular Strategies for Increasing Running Speed." *Journal of Orthopaedic and Sports Physical Therapy* 44, 10 (October 2014): 813–824.

Sedano, S., et al. "Concurrent Training in Elite Male Runners: The Influence of Strength versus Muscular Endurance Training on Performance Outcomes." *Journal of Strength and Conditioning Research* 27 (2013): 2433–2443.

Stone, M. H., K. C. Pierce, W. A. Sands, and M. E. Stone. "Weightlifting: Program Design." *Strength and Conditioning Journal* 28, 2 (April 2006), 10–17.

Spurrs, R. W., A. J. Murphy, and M. L. Watsford. "The Effect of Plyometric Training on Distance Running Performance." *European Journal of Applied Physiology* 89, 1 (March 2003): 1–7.

Støren, O., J. Helgerud, E. M. Støa, and J. Hoff. "Maximal Strength Training Improves Running Economy in Distance Runners." *Medicine and Science in Sports and Exercise* 40, 6 (June 2008): 1087–1092.

Taipale, R. S., J. Mikkola, A. Nummela, V. Vesterinen, B. Capostagno, S. Walker, D. Gitonga, W. J. Kraemer, and K. Häkkinen. "Strength Training in Endurance Runners." *International Journal of Sports Medicine* 31, 7 (July 2010): 468–476.

Weyand, P. G., R. F. Sandell, D. N. L. Prime, and M. W. Bundle. "The Biological Limits to Running Speed Are Imposed from the Ground Up." *Journal of Applied Physiology* 108, 4 (April 2010): 950–961.

Weyand, P. G., D. B. Sternlight, M. J. Bellizzi, and S. Wright. "Faster Top Running Speeds Are Achieved with Greater Ground Forces not More Rapid Leg Movements. *Journal of Applied Physiology* 89 (2000): 1991–1999.

Yamamoto, L. M., R. M. Lopez, J. F. Klau, D. J. Casa, W. J. Kraemer, and C. M. Maresh. "The Effects of Resistance Training on Endurance Distance Running Performance Among Highly Trained Runners: A Systematic Review." *Journal of Strength and Conditioning Research* 22, 6 (November 2008): 2036–2044.

作者简介

杰伊·迪卡瑞是美国物理治疗师中的领军人物，也是运动临床委员会认证的专家。他因在自己的 REP 实验室为受伤的运动员提供诊断和身体重建训练而闻名。他的实验室位于俄勒冈州的本德。他最早为人们所知是作为弗吉尼亚大学的速度研究实验室的主任，他研究的领域是生物力学。杰伊将临床实践与工程学以创新的方式相结合，在消灭过度使用性损伤和解决运动员耐力问题方面取得了很大的成就。不同于传统的治疗方式，他的方法独特之处在于，在影响运动员运动表现的问题出现之前，就提前把身体不平衡的问题解决掉。他找到了解决运动员运动表现问题的关键。他还作为很多鞋类公司的顾问，将这项专业技术运用到鞋类产品的开发上。

迪卡瑞同时是《跑步解剖学》这本书的作者，也是很多杂志和专业期刊的定期撰稿人。接受过《纽约时报》《连线杂志》、娱乐体育节目电视网、《户外杂志》《大西洋网站》《跑者世界》《竞争者》《跑步时报》《男性健康》《男性健身》《塑形杂志》《军事时报》《读者文摘》以及其他很多媒体的采访。

他是弗吉尼亚大学跑步医学委员会的联合创始人和联合主管，并且致力于在全美培训专业人员，来提高针对运动员和病患的医疗服务标准。

迪卡瑞是美国田径赛和自行车赛的资深教练。他指导的专业运动员和运动爱好者不但有当地比赛中的佼佼者，还有全国奖牌的获得者，还曾和美国空军、美国田径协会亲密合作。

迪卡瑞自己从事的体育活动有游泳、三项全能、自行车和跑步。在闲暇时间，他喜欢徒步户外探险、轮滑、冲浪和滑雪。他喜欢尽情享受生活，现在他的孩子们都比他跑得还要快了。

北京拂石医典图书有限公司
跑步及运动康复类 图书简介

《跑步者指南——打造健康核心区》

每个跑步者都知道，要想保持个人的最佳成绩，你不仅仅需要强壮的腿，还需要保持无伤病。要激发自己的最佳跑步状态潜力，你需要一个强大和健康的核心。跑步时不仅需要你有适当的核心力量以协调你的腹肌和大腿，它也将确保你在极度疲劳时仍能保持良好的步态，最终会减少你发生严重损伤的可能性。在《跑步者指南——打造健康核心区》这本书中，著名运动矫形专家和冠军跑步者丹尼尔 J. 弗雷为我们展现了为获得理想的核心力量，需要了解的重要知识点。

ISBN 978-7-5591-0866-1

定价：68 元

《重塑跑步计划》

本书作者 Jay Dicharry 是美国最好的物理治疗师之一，他的跑步重塑计划将让你的身体和大脑协调一致地进行跑步训练。事实证明，不管是在跑道上跑还是在小径上跑，无论是冲刺跑还是超级跑，Dicharry 的重塑计划都可以帮助那些想跑步锻炼身体的运动员提升跑步的稳定性、力量和速度。

ISBN 978-7-5591-1014-5

定价：78 元

《跑步者足部和脚踝健康指南》

在跑步过程中，身体没有哪个器官比你的脚更重要了。由著名的运动康复师 Brian W. Fullem 编写的《跑步者足部和脚踝健康指南》一书为你提供了必备的关于如何更好地保护好足踝这些重要运动器官的有用信息。在关于受伤预防、帮助足部锻炼和保持足部健康等关键问题方面，本书也为在跑步中出现伤病的跑步者提供了不可或缺的指导。

ISBN 978-7-5591-0925-5

定价：72 元

《无痛跑步法》

你有没有想过，是否真的有可行的预防跑步伤病的方法？你是不是也渴望有一天跑步带给你的只有好处而没有伤病？

通过阅读《无痛跑步法——一名物理治疗师的 5 步指南：享受无损伤及快速跑步》一书，读者可以找到如何既让自己能预防和克服跑步损伤，又能享受无痛跑步，最终跑得更快的方法。本书的作者是一名非常成功的物理治疗师，他也是一名有成就的三项全能运动员和跑步者。

ISBN 978-7-5591-1009-1

定价：69 元

《智慧马拉松》

如果你可以以最小的压力完成马拉松，或者想实现新的个人最好成绩，你想知道哪些关于马拉松训练的建议？

《智慧马拉松》一书根据前沿科学研究揭示了如何为跑马拉松比赛做准备，并让马拉松比赛可以变得轻松一些。不管你是个神经紧张的马拉松新手，还是个想把个人成绩跑进 3 小时以内的老选手，运动科学家兼马拉松爱好者 John Brewer 教授写的这本《智慧马拉松》都可以帮助你更好地完成马拉松之旅。

ISBN 978-7-5591-1008-4

定价：80 元

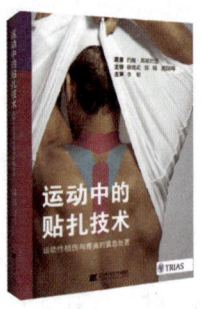

《运动中的贴扎技术》

背部、手臂与腿上五彩缤纷的运动肌贴已经在我们的健康生活中占据了无可替代的地位，是专业竞技领域中常见、常用的装备。在治疗运动损伤、减缓疼痛与消除疤痕以及保持最佳体能状态方面，运动肌贴也是取得短期与长期效果的"秘密武器"。在紧急情况或疼痛状态下如何正确贴扎运动肌贴？本书将一步步从头到脚教你超过 45 种运动肌贴贴扎方法，让读者零基础快速掌握使用方法。

ISBN 978-7-5591-0834-0

定价：89 元

《MULLIGAN 手法治疗——脊椎、四肢动态关节松动术》

从 Mulligan 疗法刚开始传入国内到近些年，因其立竿见影的治疗成效而逐渐受到极大的欢迎。在整个肌肉骨骼医学治疗领域里，没有任何其他手法治疗的方法能像动态关节松动术一样可以展现出立竿见影的止痛效果。只需 2 分钟或更少的时间来确认这种手法治疗的适应证，再选用适合的动态关节松动术来治疗，而患者中 75% 的人被证实会有非常显著的疗效。当然通过其他的治疗方法也可能做到这一点，但它们并没有像动态关节松动术一样涉及整个肌肉骨骼领域。

世界顶级手法治疗大师 Brian Mullligan 撰写本书的目的是让读者了解他的治疗技巧，并配合学习相关解剖学和生物力学知识，让患者的治疗效果更满意。

ISBN 978-7-5591-0279-9

定价：80 元

《Mulligan 手法指南》

本书旨在循序渐进地阐明 Mulligan 疗法，以确保大家能够易于掌握。书中系统的教授方式对物理治疗师们亲身实践学习 Mulligan 手法来说尤为可贵。这本书一大亮点在于使用了连续插图来示范阐释 Mulligan 手法。本书重点放在患者体位及治疗师治疗位置、手和治疗带的放置，包括正确操作及治疗原理推论。书中的用语通俗易懂，可以更好地保证大家学习使用。

ISBN 978-7-5591-0683-4

定价：168 元